U0677624

茅山名医

陶弘景

张琦 胡冰清 编写

吉林出版集团股份有限公司
全国百佳图书出版单位

图书在版编目（CIP）数据

茅山名医　陶弘景 / 张琦，胡冰清编. —— 长春：
吉林出版集团股份有限公司，2020.2（2023.5重印）
ISBN 978-7-5581-7919-8

Ⅰ．①茅… Ⅱ．①张… ②胡… Ⅲ．①陶弘景（456—
536）—传记 Ⅳ．①K826.2

中国版本图书馆CIP数据核字(2019)第260571号

茅山名医　陶弘景
MAOSHAN MINGYI
TAO HONGJING

编　写	张　琦		责任编辑	黄　群	
	胡冰清			林　琳	
策　划	曹　恒		封面设计	MM末末美书	

开　本	710mm×1000mm　1/16	出版/发行	吉林出版集团股份有限公司	
字　数	75千	地　　址	吉林省长春市福祉大路5788号	
印　张	8	邮　　编	130000	
版　次	2020年2月第1版	电　　话	0431-81629968	
印　次	2023年5月第2次印刷	邮　　箱	11915286@qq.com	

印　刷	三河市金兆印刷装订有限公司　ISBN 978-7-5581-7919-8　定　价 39.80元

版权所有　翻印必究

前言

　　中医文化是中国优秀传统文化的重要组成部分，具有创新文化的潜质。中医学是中国传统科学中沿用至今的富有中国文化特色的医学，它具有完备的理论体系，独特的诊疗方法和显著的临床疗效等特征。在中华民族五千年的历史长河中，中医学始终担负着促进人身健康的重要角色，是中华民族长期同疾病作斗争的智慧结晶，它为中华民族的繁衍昌盛提供了重要保障。

　　《茅山名医　陶弘景》这本书主要收录了陶弘景的成长经历和奇闻逸事等。读者通过这些故事，可以了解中医名家救死扶伤、拯救天下苍生的医德精神和中医文化的博大精深。

本书内容通俗生动，易于读者阅读。书中配以与中医文化知识相关的图片，并选取了具有代表性的茅山等地的特色风光作为跨页大图，使本书的内容更加生动传神，更具亲和力和吸引力。本书不仅是为了让读者了解中医文化，更是为了讲好"中国故事""中医故事"。

　　希望通过本书，读者对优秀中医文化会有更加深刻的了解和认识，能够更加热爱中医文化。通过我们对医学名家的传颂，优秀的中医文化必将再放异彩。

目录

　　陶弘景（456—536 年），南朝齐梁时道教思想家、医学家。字通明，自号华阳隐居，丹阳秣陵（今江苏南京）人。著有《补阙肘后百一方》《药总诀》等。

第一章

少年才俊　仕途沉浮

陶弘景博学多才，从小受家庭的影响，一直以做官作为自己的志向，是什么原因让陶弘景放弃了仕途之路呢？又是什么事情让他萌生了隐居之心呢？这要从陶弘景的幼年生活讲起。

陶弘景生于南朝的刘宋中期，出身江东名门，他的祖父和父亲都精通医术。祖父名叫陶隆，是一位美男子，并且爱好广泛，可谓才貌双全、文武兼备。陶隆喜欢书法艺术，擅长骑马射箭，对中药的药性也非常精通，经常以治病救人为自己的义务。他曾做过武陵王刘骏（后称宋孝武帝）王府的参军，官职并不高，主要是做一些军事的参谋工作，后因跟随宋孝武帝讨伐征战有功，被封为晋安侯。陶弘景的父亲名为陶贞宝，字国重，长相俊美，文武全才。陶贞宝继承了陶隆的爱好，多才多艺，也擅长骑马射箭，精通医术，喜好文史、书法等，尤其隶书和草书写得非常好。陶贞

茅山名医
MAO
SHAN
MING
YI

2

陶
TAO
弘
HONG
景
JING

《本草集注序录》

宝深精药术，博涉子史，官至江夏孝昌相。这样良好的家庭氛围，对陶弘景的成长有着重要的影响。他从小热爱读书，嗜学到什么程度呢？陶弘景白天从不睡觉，晚上也经常读书到半夜，若有一件事情弄不明白，就引以为耻、深感惭愧，他不分昼夜地研究，达到了忘我的境界。父亲陶贞宝对陶弘景的培养非常重视，对儿子寄予了厚望。而陶弘景也没有辜负父亲的精心培养，成为一位博学多才、知识渊博的全才人物。陶弘景一生的著作内容涵盖医药、文学、天文历算、地理、兵学、铸剑、艺术、经学、炼丹等，至今尚存的有《本草经集注》《补阙肘后百一方》《陶隐居本草》《药总诀》《华阳陶隐居集》《集金丹黄白要方》《导引养生图》《养性延命录》《真灵位业图》《合丹药诸法节度》《真诰》《太清诸丹集要》

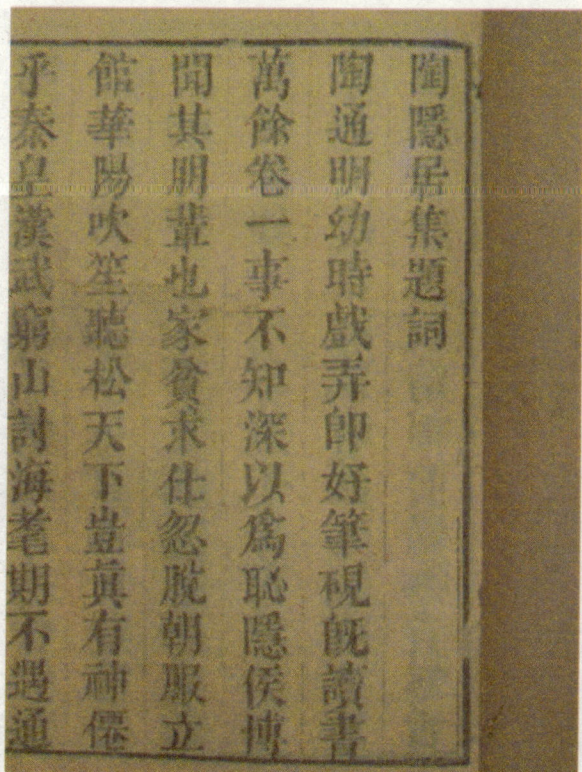

陶隱居集題詞

陶通明幼時戲弄即好筆硯既讀書
萬餘卷一事不知深以為恥隱候博
聞其朋輩也家貧求仕忽脫朝服立
館華陽吹笙聽松天下豈真有神僊
乎泰皇漢武窮山詞海筆期不遇通

《陶隐居集》内文

《登真隐诀》等。陶弘景关于医药方面的著作较多，虽然完整保留下来的著作不多，但对后世却有着巨大的影响。

陶弘景的出生有一段传奇的故事。据《梁书·陶弘景传》记载，有一天，陶弘景的母亲郝氏晚上做梦，梦中出现了一条青龙，只见青龙从自己的怀中飞出，从东方飞到了天上，定睛一看，却发现怎么找都找不到青龙的尾巴，同时还梦到有两位仙人手里捧着香炉，从天而降来到了家里，梦就醒了。做这个梦之后不久，郝氏就怀孕了。郝氏回想起这个梦，觉得这不是一般的梦，便和一位尼姑说了梦里的情境，觉得梦里的青龙代表男性，自己怀的应该是个男孩，青龙还有尊贵不凡的意思，感觉这个孩子将来定是位不寻常之人！但梦到青龙没有尾

《论语》内文

巴，这寓意没有后代呀！尼姑倒觉得这个孩子将来有可能是位出家之人。不知道是巧合还是后人杜撰，陶弘景真如郝氏的梦一样，一生没有结婚，也没有子嗣，在三十七岁的时候隐居茅山潜心修行，成为道教上清派的宗师。

陶弘景从小就显现出与其他孩子的不同之处，他聪明过人，四五岁时，就经常抱着笔墨纸砚练习书法，勤学苦练，当身边没有笔墨时，陶弘景就用芦苇秆作为笔，在草木灰中挥秆练习书写。六岁时，他的书法就已经写得非常好了，他可以书写条幅，擅长行书、草书、隶书。他七岁开始学习《论语》《诗经》等儒家经典，八九岁时就已经读过《礼记》《尚书》《周易》《春秋》等千余卷著作，十几岁时便因才学闻名于世。陶弘景读书不局限于书中的内容，还经常实践，寻求真理。有一次，他读《诗经·小雅·小宛》这首诗的时候，书中说道："螟蛉有子，蜾蠃负之。教诲尔子，式穀似之。"这句话是什么意思呢？《诗经》的旧注解释说，"蜾蠃"是一种细腰的胡蜂，被称作细腰蜂，只有雄性的，没有雌性的，那它们怎么繁殖后代呢？由雄性的蜾蠃把螟蛉的幼虫用嘴衔回自己的窝里，并培养它长大变成自己的样子，以此繁衍后代。看到这里，陶弘景觉得书中的内容似乎没有道理，蜾蠃怎么能把螟蛉的幼虫变成自己的模样呢？这时候，陶弘景的朋友也恰巧读到这句话，来问他这是怎么回事。陶弘景就先去查找其他书籍，可查来查去，发现其他书里说的和《诗经》上解释的都是一样的，想必这些书都是抄来抄去，查书应该是查不出什么名堂了，倒不如亲自去现场查个究竟！于是，陶弘景跑去庭院里找到了一窝螺蠃，细心观察螺蠃的生活变化。几天下来，他终于发现，螺蠃衔来螟蛉的幼虫并不是作义子培养，而是将它放在自己的巢里，等自己产下的卵孵出幼虫时，作为幼虫的"粮食"。他终于发现，螺蠃不但有雄性的，还有雌性的，并且有自己的后代。通过调查研究，陶弘景解开了书中螺蠃衔螟蛉幼虫作子的谜团。从这件事中我们可以看出，陶弘景做学问的态度非常认真、严谨。

陶弘景无意中从老乡那里得到了一本《神仙传》。《神仙传》是葛洪写的一部有关"神仙"的志怪小说集，全书记载了中国古代传说中九十二位神仙的故事，故事情节奇特、生动。这本书深深触动了陶弘景的内心，他每天捧着这本书，白天读，晚上也读，被这本书深深吸引着。这些神仙的故事，让陶弘景产生了学仙养生的想法。他时常对别人说："读这本书让我有凌驾青云的志向，我仰望青天白云，看着

茅山名医
MAO
SHAN
MING
YI

6

陶弘景
TAO
HONG
JING

葛洪

葛洪
字稚川　自号抱朴子

句容君子意出尘，遁世辟官隐道门。
采药余杭究病理，炼丹交阯著玄文。
神仙抱朴昭前世，隐逸娄急贻后人。
九九归天朝上帝，详事代有到如今。

葛洪画像

茅山名医
MAO
SHAN
MING
YI

10

陶弘景
TAO
HONG
JING

寄居山水

太阳，并不觉得像原来那么遥远。"这本书对陶弘景的思想和人生道路产生了巨大的影响，引导陶弘景走上了和葛洪（葛洪生于江南士族，是三国方士葛玄的侄孙，曾被封为关内侯，后隐居罗浮山，从事炼丹术）类似的人生道路：早年出仕，中年后开始远离俗尘，退隐修身，游历山水，寻求山水之间的乐趣。

十五岁的时候，陶弘景怀着对寄居山水、自由逍遥生活的无比向往，写出了《寻山志》，表明了他内心有隐居避世的情趣，他希望以后可以过着悠闲自在、游历山水、衣食无忧的生活，从小就体现出和寻常人不一样的志向。心中虽然向往山林，但在家庭环境的影响下，特别是陶弘景的父亲对他寄予了厚望，希望他能在仕途上光耀门庭。所以，年幼的陶弘景收起了自己的真实想法，按照父亲的意愿，走上了仕途。陶弘景的兴趣广泛，弹琴、书法、下棋等样样精通，因为才华出众，在萧道成还是宰相的时候（后称帝，也就是齐高帝），就被引荐做了诸王的陪读。当时的陶弘景只有十一岁，能有这样的官职待遇，可以看出达官贵人对他才华的赏识。之后，陶弘景又在宫中任奉朝请，朝廷中有关礼仪以及典章制度的事情，多数都由他决定，当时陶弘景还不到二十岁。

陶弘景不仅非常有才华，还相貌出众。他身长七尺四寸（身高约一米七八），气宇轩昂，身材伟岸，眉毛粗重宽阔，眼睛明亮有神，神态仪表都很出众，出门在外的时候，经常被人赞叹貌美英俊，甚至冬天出门的时候，他都会拿扇子遮挡自己，怕被别人看到，引起波澜。

陶弘景十七岁的时候，因为父亲被调离家乡去了孝昌做官，他便提前将头发束起来，举办了加冠礼（古代男子二十岁行加冠礼，由以前的童子着装改成了成人着装，表示成年）。按照习俗，加冠以后就可以谈婚了，但可能因为父母不在身边，不能为陶弘景选择合适的妻子，再加上他一心只想着读书为官，重心在仕途上，另外，他心中还有隐逸养生修道的想法，所以一直都没有结婚。

陶弘景二十六岁那年，家里发生了重大转变。他的父亲陶贞宝突然去世了，是被父亲的小妾害死的。这件事如晴天霹雳一样，使陶弘景受到了非常大的打击。他本来只是暂时不想结婚，对婚姻没有做任何打算，而父亲的离世，让他更加对婚姻生活失去了信心，也成为他终身没有娶妻的原因之一。陶弘景怀着无比悲痛的心情前往郢州，将父亲的遗骨接回老家安葬。按照古代丧礼的礼制规定，陶弘景离开官场，为父亲守孝三年。他经常自己在屋子里读书，翻阅文稿，与外界接触

茅山名医
MAO
SHAN
MING
YI

12

陶弘景
TAO
HONG
JING

山林

并不多，不太喜欢和其他人来往，一心读书。可陶家本来就不算富裕，父亲做地方官员的时候，收入虽然不是特别多，但能够衣食无忧，而父亲的离世，将家庭的重担交到了陶弘景的身上。因此，服丧三年期满后，陶弘景不得已又重新回到了官场。以前的职务已经有其他人负责了，显然是不能再回去了，陶弘景被授予了新的职务——左卫殿中将军。左卫殿中将军主要都负责什么呢？其实，就是在宴会时穿将军的军服，守卫在帝王身边，而到了晚上，则是拿着白虎幡把守在城门上，

山林

有急事的时候负责开城门。这个职位显然不符合陶弘景的学识和才能，虽然一肚子委屈，但为了撑起整个家庭，赡养自己的老母亲，却也无可奈何，只能忍了下来。没过多久，陶弘景五十五岁的母亲郝氏也去世了，他又一次辞掉官职，依照礼制规定回家服丧三年。

可能是受到父母相继去世的双重打击，陶弘景焦虑和痛苦的心情难以消除和排遣。陶弘景二十九岁时，意外得了场重病，在石头城突然昏倒了，怎么叫都叫不醒，整整昏睡了七天。但奇怪的是，他既没有吃任何药物，也没有吃任何食物，七天之后竟然神奇般地好了，还说自己在昏迷期间梦到了许多奇异的现象。这场病给陶弘景留下了许多后遗症，从那以后，他面容憔悴，说话的声音也很缓慢，不能恢复得像以前一样了，影响了日后的生活。

服丧期满后，陶弘景再次任职六品文官奉朝请。虽然在朝中做官，但因为受到双亲离世、身体病痛的打击，而且又是孤身一人，没有家庭的牵挂，其隐逸思想更加坚定不移，再加上陶弘景生活在南北朝这样社会动荡的时期，也让他彻底厌倦了官场的险恶和人世的混浊。陶弘景三十六岁时，依旧没有官职升迁的迹象，他决心告别仕途生涯，去追求自己归隐山中的梦想。于是，在永明十年（492 年），三十七

山气日夕佳

茅山名医
MAO
SHAN
MING
YI

16

陶弘景
TAO
HONG
JING

茯苓

岁的陶弘景将朝服挂在神武门上，向齐武帝上书表达了自己辞去官职归隐的想法，他说道："我做官已经很久了，但这并不是我向往的生活，学识不是为了功名利禄，也不是为了荣华富贵，我常常想远离尘世，隐居山野，领略大好河山之美，现在终于可以实现了！承蒙圣上恩宠，在临行之际，上书表明我的心意。"齐武帝虽然有些不舍，但看出陶弘景离去的心意已定，还是下诏应允了他的请求，并赏赐他大量丝帛，每月还给他茯苓五斤、白蜜二升等物品用于归隐生活。陶弘景离开京城的那天，公卿官员还有他的好朋友都来到了征虏亭（今南京郊区）设宴为他饯行，因送行而设的帷帐特别多，送行的车马都堵住了道路，场面十分热闹、壮观。人们都说南朝开朝以来，从来没有发生过这样的状况，朝廷和民间都认为是很荣耀的事情，可见陶弘景在当时是非常受欢迎的。

意外的是，陶弘景当官的时候仕途很坎坷，但辞官归隐山林之后却声名鹊起。陶弘景隐居茅山后，潜心钻研学问，热心医术，养生修道，创立道教茅山派，生活得逍遥自在，成为南北朝道教茅山派代表人物之一。

归隐山林

知识加油站

"奉朝请"是什么官职？

古代诸侯朝见天子以春季为"朝"，秋季为"请"。奉朝请就是指有定期参加朝会的资格。

奉朝请从东汉开始，到隋朝改名为朝请大夫和朝请郎，到元朝废除了朝请郎的官号，清朝废除了朝请大夫的官号。

第二章

隐居茅山　潜心修行

陶弘景辞官后来到了茅山（句曲山）华阳洞，开始了后半生隐逸的生活，远离红尘，潜心修行。因此，他躲过了官场上的权势斗争，过上了逍遥安定的生活。在陶弘景隐居山林后，又发生了哪些事情呢？

永明二年（484 年），这一年的春天来得格外早。

在茅山兴世馆，茅山道教上清宗第八代宗师孙游岳结束了一天的授业。当晚，他向弟子们传授的是道家符图经法。此时的孙游岳已经八十六岁了，是道教宗师陆修静的弟子。他是在元徽五年（477 年）师父病逝后才接过上清宗的大业。然而，由于恰逢政局动荡，他始终不肯出山。这一天，齐武帝下旨要他做兴世馆的馆主，他正式结束隐居，出山开馆。

孙游岳名声在外，达官贵人争相登门拜访，学习道法。孙游岳座下门徒近百人，聪慧者甚多。然而，他对此并不太满意。

茅
山
名
医
MAO
SHAN
MING
YI

20

陶
弘
景
TAO
HONG
JING

在孙游岳看来，弟子中虽有优秀之人，但尚不足以接替他成为掌门人。深感时日无多的孙游岳，此时需要一个合适的继承人。

一天晚上，他早早睡下，却做了一个奇怪的梦。梦中孙游岳见到在茅山修道成仙的茅君兄弟，嘱咐他说："青华小童，又降临在句曲山，就在你的弟子中，要好好地爱护他，扶持他。"这个梦一连重复做了几日，令孙游岳百思不得其解，究竟弟子当中，哪一个是"青华小童"呢？

直到有一天，对道家非常感兴趣的陶弘景前往兴世馆拜访孙游岳。馆主孙游岳早年就与陶弘景结识，两个人交流过道法上的见闻。这一次，听闻他出山就任兴世馆馆主，陶弘景特地前来拜访这位道教宗师。

孙游岳见陶弘景神态异于常人，气宇非凡，联想到自己连日来做的那个梦，心中暗想：莫非此人就是"青华小童"？陶弘景不仅虚心讨教，而且对道法颇有研究，其聪慧程度远超自己的弟子。如若能投

茅山

身门下，假以时日，定能超越自己，成为上清宗的继承人。

面对这个比自己小五十七岁的年轻人，孙游岳越发欣赏，他暗想："陶弘景日后定能大有作为，超越自己！"于是倾囊相授，殷勤至极。他想把终生所学，甚至把未能传给本门弟子的学问，全都毫无保留地传授给这位"青华小童"，希望陶弘景能够成为本门领袖，孙游岳也可安心飞升。

然而，此时的陶弘景尚未辞官，也并没有想当一派掌门人。他在为母服丧之后开始正式着手考虑辞官和隐居的事情。这一次兴世馆的拜访，只是他游历四方、考察山水、慕名而来的其中一个目的地。

永明七年（489 年）五月十五日，茅山道教上清宗第八代宗师孙游岳病逝，享年九十一岁。孙游岳很悲伤，尽管他热情至极，慷慨传授，但陶弘景从未正式拜师，投身自己门下，只是默默听着他的讲学。他

老子像

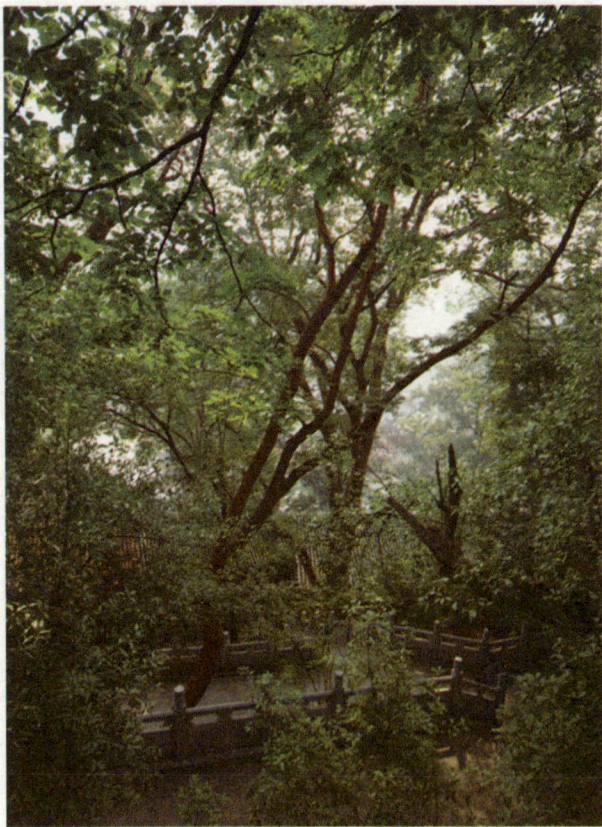

草木芬芳

茅山名医
MAO
SHAN
MING
YI

22

陶弘景
TAO
HONG
JING

也很欣慰，自己已将平生所学托付给这个年轻人，虽没有让其成为掌门人，但也继承了他一生的学识。此生，他已了无牵挂。

陶弘景无意继承孙游岳的门派，也无意成为一方门派的领袖。但茅山是他归隐的首选，也是他心中向往的地方。

尽管遍访名山大川，可以作为归隐地的美景圣山不止一处，但茅山还是无数修道者最向往的地方。按照当时的传说，这里是神仙出没的地方。于是，无数求仙者慕名而来，道家各派也在此山各峰各洞建立馆舍，开宗授业。

茅山的地理环境的确如仙境一般。这里草木芬芳，绿树成荫，泉

川流不息

水川流不息，自然资源丰富，有十九泉、二十八池、二十六洞。洞穴皆为大自然的鬼斧神工，适宜居住，又适宜炼丹，是修道的天然场所。

　　除了风景和地形之外，更重要的是，陶弘景年少时所崇敬的医家葛洪，也曾在茅山修道。葛洪是在茅山的抱朴峰写出来《抱朴子》这部著作的，该著作记录了道教的哲学思想和炼丹术的原始化学理论。

　　能与年少时所敬仰的偶像一样，在同一座山上修道，大概是陶弘景的人生梦想。所以，遍访各地之后，他便前往茅山修行。在茅山考察时，陶弘景发现积金岭华阳洞非常特殊。洞中有洞，洞洞相通，并且洞里还有河，可以在河上泛舟；洞里有很多珍贵的石头，许多

峰峦叠嶂

茅山名医
MAO
SHAN
MÍNG
YI

24

陶弘景
TAO
HONG
JING

树和石头长在了一起，出现了奇特的景观；洞口外不远的地方有一处泉水，泉水冬暖夏凉，是修道的绝佳场所。陶弘景不由赞叹此处："这真是居住的好地方啊！"于是，他将华阳洞列为自己修道的理想之地。

永明十年（492 年），在征虏亭与朋友告别之后，三十七岁的陶弘景带着临行前诸王赠予的书籍、衣物、马车和仆从出发了。随行的还有陆逸冲，他是陶弘景的首个弟子。他们乘船沿着水路前行，一路上峰峦叠嶂，碧水如镜，青山绿影浓密，水中倒影翩翩，景色美如画卷。

"这才是我向往的生活啊！"陶弘景对众人说。没有了世俗的压力，他一路谈笑风生、闲情逸致，直抵茅山。只见远处有三座山峰相连，山势迂回曲折、仙境缭绕，主峰是大茅峰，其他两座山峰是二茅峰、三茅峰，还有雷平、方嵎、燕口、良常和大横，与主峰高低相映，风景优美，可谓是一块洞天福地。

青山绿影

险峰

选择修行，就需要建立属于自己的道馆，陶弘景与弟子陆逸冲开始在积金岭一起修建住所。这是一项浩大的工程，费时费力，无法一下子完成。过去陶弘景尚可领取朝廷俸禄，如今辞官归隐，没有经济来源，只有散尽家财，与弟子们同吃住，共同参加劳动和建设。他们还开垦了周边的荒地作为农田，种上粮食和蔬菜，自给自足。

这些困难都无法阻挡陶弘景归隐的心意，他和弟子们克服了重重困难，经过七年的努力，终于建成了属于自己的道馆，取名为华阳馆。华阳馆分为上、下两馆，上馆供研修道术，下馆供炼丹、治药。同时，还修建了一座三层小楼，自己居住在上层，弟子们住在中层，来访的宾客们住在最下层，陶弘景给小楼题名"松风阁"。

宽敞的楼宇，不仅可以自己住，还可以接待远方前来拜访的客人。陶弘景满意地看着自己的住所，感慨道："我隐居于山水的愿望终于实现了，从今以后，我的号便是华阳隐居！"从此，陶弘景便自号华阳隐居，并在以后所写的所有书籍中都用此署名。

他在谈到这个自号的时候说："孔夫子曾说，'以隐居避世来保全自己的志向，依正义而贯彻自己的主张。我听到过这种话，却没有

陶
弘
景

葛仙坛碑铭

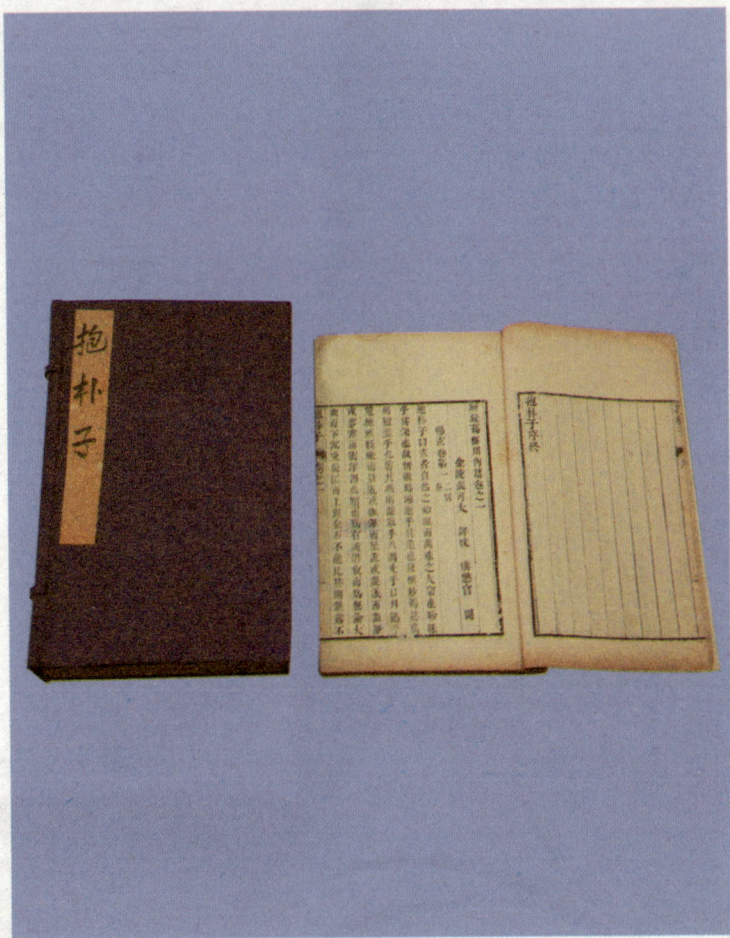

茅山名医
MAO
SHAN
MING
YI

30

陶弘景
TAO
HONG
JING

《抱朴子》

见到过这样的人。'今天我就要通过这样的方法实现自己的志向，所以我的号就是'华阳隐居'，就像稚川的抱朴和士安的玄晏一样。"

华阳馆建成之后，无论是朝中的权贵和官员，还是前来求医问药的贫苦百姓，陶弘景无不热情接待。也有很多人慕名前来拜师求学，无论是门徒、教内弟子、还是俗家弟子，得到陶弘景传授道法的人达三千余人。与孔子一样，比较出名的弟子有几十人，他们大多跟随陶弘景学习医术和道法。华阳馆的建成，自然也离不开弟子们的贡献，最突出的当属陶弘景的大弟子陆逸冲。

陆逸冲，字敬游，吴郡海盐（今浙江嘉兴市境内）人。在陶弘景尚未隐居之前，他就已经跟随陶弘景了。当陶弘景隐居茅山后，陆逸冲为华阳馆的建设尽心尽力。陶弘景为了表彰爱徒不辞辛劳的精神，特地在积金岭为陆逸冲建造了住房，并撰写《授陆敬游十赉文》，奖励这位爱徒。文中归纳了陆逸冲的十种优秀品德和节操，肯定了其修道之心的坚定，夸赞他的劳苦作风，表彰了他为华阳馆建设所做的贡献。令人遗憾的是，陶弘景的这位爱徒逝世过早，天监十年（511 年），陆逸冲因病离世，未能继承师父的衣钵。

　　潘渊文也是陶弘景非常器重的爱徒，他曾经与大师兄陆逸冲一起

隐居求志

为陶弘景建造炼丹场所，并续写了陶弘景的个人传记《华阳隐居先生本起录》，遗憾的是，他也和大师兄陆逸冲一样过早离世，所以无缘衣钵的传承。

除了以上二人之外，比较受陶弘景看重的还有桓法阇。

桓法阇，字彦舒，东海丹徒（今江苏镇江）人。梁朝初年，昆仑山沼平沙村有三个古竹器，里面放有太平道祖师于吉所写的《太平经》三部。村人见到后，无比惊异，于是纷纷供养起来。桓法阇也很喜欢，于是向村人要了一部回山供养。他首先把这部书拿给陶弘景看。陶弘景看了以后，对他说："这的确是于吉的古本《太平经》。"陶弘景劝桓法阇将《太平经》送回原处。"桓法阇听从陶弘景的意见，马上把书送回了原处。

陶弘景还有一个女徒弟叫钱妙真，晋陵（今江苏常州）人。她自幼好道，读了不少道家经典，对家人表达了出家之意，但遭到强烈反对。后来家人劝她成亲，她泣不成声，坚决不肯，家人无奈只好同意她出家。她选择了大小二茅山隐居，十九岁时在燕口洞独自修习《黄庭经》。当陶弘景隐居茅山时，她作诗七章以示诚意，向陶弘景拜师学道。陶弘景见她这样虔诚，于是便收为弟子，传授经文和医术。普通三年（522

之處愈甚莊前論皆不可爲讀儒者乃臺理宗信任賈似道時曲學阿世以干

進歟

案訂瀘宋代齋尚有張時六豪共五十一家此辟就宋言之黃式三嚴居

非瀘邶氏太牢經盛齊屬其敕化內治官吏養民節財諸篇以爲醇粹可

以賈塲論行事惟僿權篇云施不顓之惠用不顓之威我可以取必於人

而人不可以取必我此近於衛士之誣讒稅斂篇云譏外諸侯食公田

之役以爲雖較私田之獻以爲貪又云家出一兵旬出一疋皆非居法矣

王繇朗撮要此條引懼礴詩話而四庫不著錄阮元塁經室外集收之

《太平经》内文

茅山名医
MAO
SHAN
名 MING
医 YI

34

陶
TAO
弘
HONG
景
JING

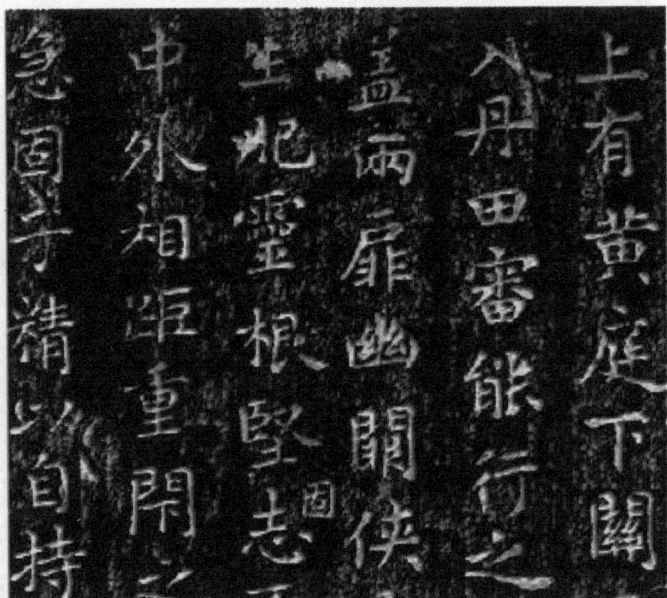

《黄庭经》内文

年）的一天，她突然向陶弘景告别。陶弘景很奇怪，问道："你要到哪里去？"她回答道："弟子要去金阙宫中做上宾（仙位）。"意为自己即将离世。陶弘景伤心地说："我的门人和徒弟先我而去的有好几个了！"于是，陶弘景亲自把她送回小茅山。到了燕口洞后，钱妙真就羽化了，终年四十九岁。

陶弘景最有影响力的弟子是王远知（509—635年），字德广，琅琊临沂（今山东临沂）人，十五岁拜师，他最终继承了师父的衣钵，成为茅山上清宗第十代宗师。传说王远知的母亲梦到凤凰降临身上，因此怀孕，而且经常听到腹中有声音。有人对王远知的父亲说："你所生的儿子将是神仙宗师样的人物。"王远知自幼聪明好学，博览群书。刚

王远知画像

入茅山时，拜在陶弘景门下学习道法。

　　当年隋炀帝为晋王镇守扬州时，曾设玉清玄坛，屡次派人邀请王远知主持。唐高祖李渊打天下时，王远知曾向李渊秘密呈上符命以表示对他的支持。秦王李世民与幕僚房玄龄匿名拜访王远知。王远知见到李世民二人时说道："你们当中有个圣人，莫非是秦王吗？"李世民非常惊讶，于是如实相告。

　　李世民登基之后，对王远知越加敬重，给了他"国师"的称誉。王远知对茅山上清派的发展贡献很大，他精于道术、知进知退，善于继承师父陶弘景的遗风，因而能够与统治者保持一种恰到好处的关系，将茅山上清宗一门发扬光大。王远知逝世时，享年一百二十六岁。

茅
山
MAO
SHAN
名
医
MING
YI

36

陶
TAO
弘
HONG
景
JING

在茅山不止华阳馆一家道馆，也不止陶弘景一位隐居者，同样还有很多资深的隐居者和修道者，有时陶弘景也会去拜访一些道友，其中与蒋负刍和薛彪之关系最为密切。

蒋负刍，义兴（今江苏宜兴）人，他隐居茅山的时间早于陶弘景，同样也是通过亲自游历名山，最终选择了环境优美的茅山作为隐居修炼的住所。南北朝建元二年（480年），蒋负刍在茅山建立了崇阳馆，后来又修建了陪真馆，两间道馆均用来修道。陶弘景在积金岭修建的华阳馆和蒋负刍的陪真馆距离较近，所以陶弘景经常邀请蒋负刍到馆内做客。二人经常在一起交流探讨，无论是医术还是道术，都兴趣相投，从此成为知音。后来蒋负刍受陶弘景的影响，专修上清道法。

薛彪之，竟陵（今湖北天门市）人，他修道茅山的时间在陶弘景之后。薛彪之和蒋负刍是旧识，关系很好。他为人直爽坦诚，勤奋好学，特别喜欢炼丹之术。薛彪之于建武二年（495年）在东川（今汉中）采访道家真秘，第二年听说陶弘景和蒋负刍是邻居，志同道合，经常在一起研究道术，不禁感慨道："你们能成为关系密切的道友，我为什么还待在东川这么久呢？"于是，薛彪之离开了东川来到茅山，住在齐高帝命人为他修建的金陵馆，并在此修炼。

齐高帝

三人经常在一起探讨道术，有时为一个观点通宵达旦地探讨和争论。

弃官隐居，这是陶弘景的人生理想和愿望。在隐居过程中，既可以致力于道法的研究，又可以寻找草药，收集验方，撰写医书，治病救人，远离官场的政治斗争。

每次在山林间寻访药材，路过山谷小溪，陶弘景都会停下来歇息，吟诵诗文。陶弘景经常对弟子们说："我看见豪门贵族繁华喧闹，虽然知道他们富贵享乐，但却没有向往和羡慕的想法。望着高山岩壁，广阔的洼地，也知道这里难以安定居住，但却止不住脚步，总想要来到这里。我在永明年间追求仕途官位，幸好没有如愿，要不怎么会有

茅　山　名　医
MAO
SHAN
MING
YI

38

陶　弘　景
TAO
HONG
JING

《隐士图》

现在的乐趣，难道只有我有神仙修道之相吗？
都是机缘，形势所迫啊！"

　　年少时的陶弘景相貌出众，中年后，身形
稍显清瘦，远远看过去，优雅身姿像神仙一样，
被世人所羡慕，也常常被人称作"仙人"。然
而，这位"仙人"隐居的四十余年时间里，以
他的才华和名声，真的可以安心归隐、不被世
事打扰吗？

知识加油站

句曲山为什么叫茅山？

　　据传说，西汉年间，陕西咸阳茅氏三兄弟（茅盈、茅固、茅衷）来到句曲山修炼道术，采药炼丹，为百姓治病疗伤，还不收取任何费用，被后人称为三茅君，为纪念他们的功德，句曲山也被后人称作三茅山，简称茅山。

茅山风景

第三章

山中宰相　运筹萧梁

在山中隐居的陶弘景每日静心修炼，专心于自己喜爱的事情上。但年少成名的陶弘景早已声名在外，无数官员甚至皇帝都想请他出山，他真的能够不问世事，远离朝堂吗？"山中宰相"这一称号又是因何而来的呢？

建武五年(498年)，这一年的秋天似乎比往年更萧瑟一些。

陆逸冲在师父的书房外等候了许久，山下送来一封信，是师父的好友沈约差人送来的。送信的人说是有要紧的事情，需要尽快送给师父。

可师父已经闭门谢客多日，除了前来寻医问药的平民之外，外人一律不见。今天一早，师父就独自在书房读书，到了晌午仍未出屋，也未曾吃东西。陆逸冲只好跪坐在书房外，焦急地等待着。

大约过了一炷香的时间，书房里传来陶弘景的声音："门外可是敬游？"

敬游是陆逸冲的字，他随即回答道：

沈约

茅山名医
MAO
SHAN
MING
YI

42

陶弘景
TAO
HONG
JING

"正是弟子，山下送来沈大人的信。"

"进来吧！"陆逸冲拉开房门，见师父正在研读一卷看起来残破不堪的古医书。"把信放在那边吧，顺便嘱咐近来要下山的人，要穿上素衣。"

"穿素衣？可是有丧事？"陆逸冲一脸迷惑。

"陛下近日驾崩了，沈大人来信大概就是要说这件事。"陶弘景的目光依然没有离开那卷残破的医书。

陆逸冲虽然感觉很困惑，但师父一向料事如神，恐怕对于皇帝驾崩早有预感。于是毕恭毕敬奉上书信，准备离开。

"这样吧，你替我读一下这封信，正好我读了一上午古方，也休息一下。"见弟子一脸困惑，陶弘景放下医书，决定歇息一会儿。

遵照师父的指示，陆逸冲拆开信牍。信上内容果然是沈大人告知师父，圣人在七月己酉日驾崩，十六岁的太子萧宝卷即位，举国发丧。信中，沈约还告诉陶弘景，自己大约在冬天时来茅山拜访。

此时，陆逸冲对师父的判断无比佩服，请教师父为何可以未卜先知。陶弘景摇摇头，说自己只是推测而已。一来，若无特别的急事，沈约是不会来信的，只会亲自登门来拜访，在华阳馆住上几日，一起聊聊天，探讨道学经典。二来，齐明帝萧鸾对陶弘景礼遇有加，每月都准时派宦官前来看望，偶尔还送来奉赏。这个月，宦官并没有来茅山，怕是宫中有变。

白芍

茅山名医

MAO
SHAN
MING
YI

44

陶弘景

TAO
HONG
JING

"圣人虽然也笃信道教，资助我遍访五郡名山，还想让我去蒋山（今南京钟山）居住。但性猜忌，杀戮太多，经常屠戮同宗，怕是要折寿。"陶弘景一边感叹一边继续说。

"今年惊蛰时分，宦官来华阳馆寻药，说圣人已经下旨向各地征寻白鱼为药，世人方知原来圣人患病久已。既然是寻白鱼为药，想必圣人是肝气不足，经脉不畅。可圣人又喜怒无常，如此下去，恐怕时日无多，没想到还没撑到冬天。你还是速速告知诸位弟子，下山务必着素衣，平民若不戴孝，是要被问斩的。"

陆逸冲见师父的分析如此缜密，十分佩服，连忙退出书房，通告华阳馆的各位门徒。

这一年的冬天，沈约并没有来到茅山，也没有来信。直到第二年的春天，即将开始耕种的时候，沈约才带着随从，骑马来到了华阳馆。陶弘景率领弟子出门，亲自迎接这位老友。两个人虽然年龄相差十六岁，但都曾求学于孙游岳门下，是同门道友的关系。陶弘景归隐之后，沈约仍然在京城做官，他笃志好学，博通群籍，擅长诗文。闲暇之余，会来到茅山拜访陶弘景，两人经常饮酒作诗，探讨典籍通宵达旦。

如今陶弘景已经成为上清宗的宗师，接管门派，按照惯例，沈约应当认陶弘景为师，但是两个人相识已久，又一起在朝廷上做过官，

水仙

是老朋友了，就省去了那么多复杂的规矩。依然如往昔一样，陶弘景吩咐弟子备好薄酒，单独招待这位老友。

沈约是一个直爽的人，酒未过三巡，他就打开了话匣子。

"弘景，你我认识多久了？"

陶弘景想了一下，说："那年是永明元年（483 年），武皇帝在位之时。桂阳王宴请宾客，你我皆在宴席上。大概已经过了十多年了吧！"

"'宁不踵武于象帝，入妙门而自宾。苟沦形于无晓，与蝼蚁而为尘'，多美的诗句啊！你的《水仙赋》至今无人能及。"

陶弘景笑了笑说："我朝文人墨客人才辈出，怎会无人能及？沈兄是在说笑了吧！"

沈约站了起来，望着窗外，感叹道："那时候，你我都一心为国为民，为圣上效忠。如今你隐居茅山，过着闲云野鹤般的生活，我现在很羡

慕你啊，就如同羡慕你当年的才华一样。我也特别想像你一样，归隐田园。"

"那不妨来我这里，在茅山，我们一起专心修道吧！"陶弘景笑着说。

"陶郎你就不要取笑我了，我现在已经称病辞官，远离朝堂了。"沈约坐到陶弘景旁边，说道："如今我已经没有什么追求了。"

陶弘景看到沈约的酒樽已经空了，一边斟酒，一边说："我看沈兄面色红润，气血通畅，不像是患病的样子。"

沈约一口气喝下陶弘景刚刚斟下的酒，仿佛与这盅酒有仇一样，愤然说道："跟着这个狗皇帝，不被他砍掉脑袋，早晚也要被他气出病来！"

这一番话，引得在旁服侍的弟子惊出一身冷汗，这样大逆不道的话若是传出去，怕是要给华阳馆招来灭顶之灾。

陶弘景则依旧淡定如初，吩咐陆逸冲到后厨再准备些酒菜，他知道，这位沈兄并非醉酒失言，而是政治动乱，天子昏庸，让一些有抱负的臣子心中郁郁不得志，他们需要发泄内心的不满。

自从陶弘景辞官之后，政治风云变幻无常，有数位皇帝相继登基，每一位新皇帝都是在皇族之间相互杀戮的获胜者。

茅山名医
MAO
SHAN
MING
YI

48

陶弘景
TAO
HONG
JING

对于归隐茅山的陶弘景来说，他并不在意到底谁能当上皇帝。在他辞官归隐期间，很多皇帝听闻他的名号，都写信邀请陶弘景出山做官，但都被他谢绝了。陶弘景知道，这些皇帝德不配位，都不值得去辅助。

在接下来的两个时辰里，沈约时而掩面而泣，时而愤怒大吼，他把这些年在朝中的遭遇，尤其是对当朝天子萧宝卷的种种不满都说了出来。

齐明帝萧鸾的这个刚刚继位的十六岁儿子萧宝卷不学无术，杀人本领却不落前朝几位皇帝之后。他继位之后用残忍的手段铲除异己，朝中大臣和外地官员都提心吊胆，唯恐某一天说错话，掉了脑袋。

萧宝卷滥杀无辜的同时，还征召劳役，建造宫殿，穷奢极侈，耗费巨资，把国库花个精光。他宠爱潘妃，为了哄潘妃开心，在宫苑之

茅山名医
MAO
SHAN
MING
YI

50

陶弘景
TAO
HONG
JING

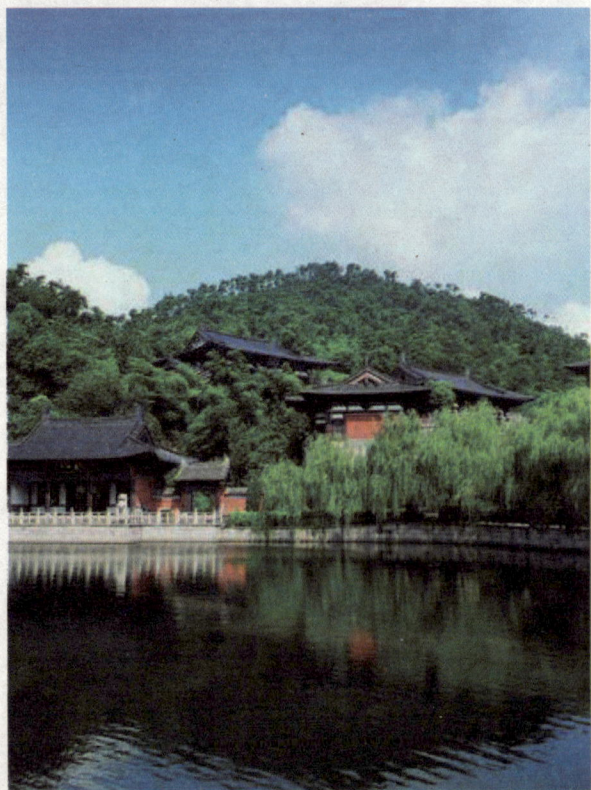

世外桃源

中设立市场，让宦官杀猪宰羊，宫女沽酒卖肉。皇帝亲自当屠夫，杀猪剁肉，令百官和百姓纷纷叹息。

"现如今，不少地方王族拥兵自重，企图兵变。还有一些人跑到了北方，投奔了北魏。"沈约说道，"朝中大臣人人自危，我和几位同僚都托病辞官，以免性命之忧。"

"辞官了，正好在我这里休养生息吧！待天下有变，再赴朝堂也不迟。"陶弘景说道。

沈约笑着说道："还是你了解我，知道我要追寻贤主。那么陶郎可否给我一点建议呢？"

陶弘景也笑了，让弟子取来纸笔，请沈约列出现如今有实力的皇族，两个人逐一评价这些人的能力和品德。这场讨论直至深夜，陶弘景告诉沈约，在他看来，当今世上，唯有雍州刺史萧衍有争夺天下的实力。

萧衍早年就与陶弘景认识，他比陶弘景小八岁，是萧齐皇族的远支。萧衍的父亲萧顺之是齐高帝萧道成的族弟，也是辅佐萧道成灭宋兴齐的功臣。永明年间，萧衍与陶弘景都是京师文学界的知名人士，互相都有所了解。萧衍饱读诗书，机智多谋，目光长远，尊重贤良，又从不以王公皇族自居。

萧衍与沈约都曾投身竟陵郡王萧子良门下，与王融、范云等"竟陵八友"拥护萧子良争夺皇位，但以失败告终。如今，萧衍在雍州拥兵十万，随时可能起兵，推翻萧宝卷。

　　于是，沈约又在茅山华阳馆小住几日后便收拾行囊，听从陶弘景的告诫，前往襄阳，投奔萧衍。沈约还帮陶弘景捎去亲笔信，信上除了回忆一些京城旧事以外，陶弘景还嘱托萧衍，表示自己愿意协助萧衍成事，条件是一旦战事起，切莫伤及百姓。此时，比起到底由谁坐在龙椅上，百姓的安危才是陶弘景最为关注的事情。他和沈约都寄希望于这位信奉佛教的皇族子弟，希望萧衍能够一统天下，让百姓过上太平日子。

　　沈约离开之后，陶弘景嘱咐弟子分头行动，囤积一定数量的粮食和草药，以防不时之需。果然不出几个月，萧衍联系萧宝融（萧鸾的第八子）共同举兵，讨伐昏君萧宝卷。战火波及甚广，自然有百姓离家逃

茅山名医
MAO
SHAN
MING
YI

52

陶弘景
TAO
HONG
JING

山茱萸

连翘

梁武帝

难，陶弘景便带领弟子下山开设粥铺，施舍饥民，同时熬制药材，医治病患。茅山周边的百姓无不称赞陶弘景的乐善好施，在危难之时救死扶伤。

一年之后，萧衍攻破京师建康，萧宝卷众叛亲离，被宦官所杀。萧衍即将取得帝位，沈约也随军回到京城。萧衍在京城站稳脚跟之后，就谋划登基仪式。他写信给陶弘景，信中表明了自己要改朝换代、造福百姓的志向，所以必须摒弃旧朝，最直接的方式就是更改国号。在信中，他放下君主的姿态，谦逊地向陶弘景询问，希望他能给出一些建议。

陶弘景在回信中引用《王子年归来歌》中的"水刃木"和道家图谶，建议萧衍选择"梁"作为国号。萧衍接受了这个建议，改国号为"梁"，他就是历史上赫赫有名的"和尚皇帝"——梁武帝。

梁武帝与之前的皇帝一样，在称帝之后，邀请陶弘景出山为官。他多次写信给陶弘景，并赠送隐士常佩戴的鹿皮巾，感谢陶弘景在起兵之时对自己的信任，希望陶弘景能像沈约一样，一起帮助他主政。但一心归隐的陶弘景向往成为汉代张良式的救国人物，他一再拒绝梁武帝的盛情邀请。对于陶弘景来说，虽然隐居在茅山，远离朝堂，但他也关注国家和百姓的命运，常在山中给予皇上一些建议。一次在给梁武帝的回信中，陶弘景画了一幅画：两头牛，一头自在地吃草，一头戴着金笼头，被拿着鞭子的人牵着鼻子。

梁武帝看了以后，对身边的人笑道："此人无所求，他要学曳尾之龟，哪有可以招来为官的道理呀！""曳尾之龟"的典故出自《庄子·秋水》篇，其中有一句："此龟者，宁其死为留骨而贵乎？宁其生而曳尾于涂中乎？"后来常用"曳尾之龟"比喻自由自在的隐居生活。

梁武帝明白了陶弘景的用意，也就没有勉强他出山为官。每当国策出现争论的时候，梁武帝都会写信派人送到茅山请教陶弘景。陶弘景也时常写信给梁武帝，献计献策，朝廷与茅山间音信不断。陶弘景虽身在世外桃源，却俨然成为朝廷的决策人物，于是就逐渐有了"山中宰相"的美誉。与此同时，陶弘景也越来越受到王公贵族的礼遇，

茅山名医
MAO
SHAN
MING
YI
56
陶弘景
TAO
HONG
JING

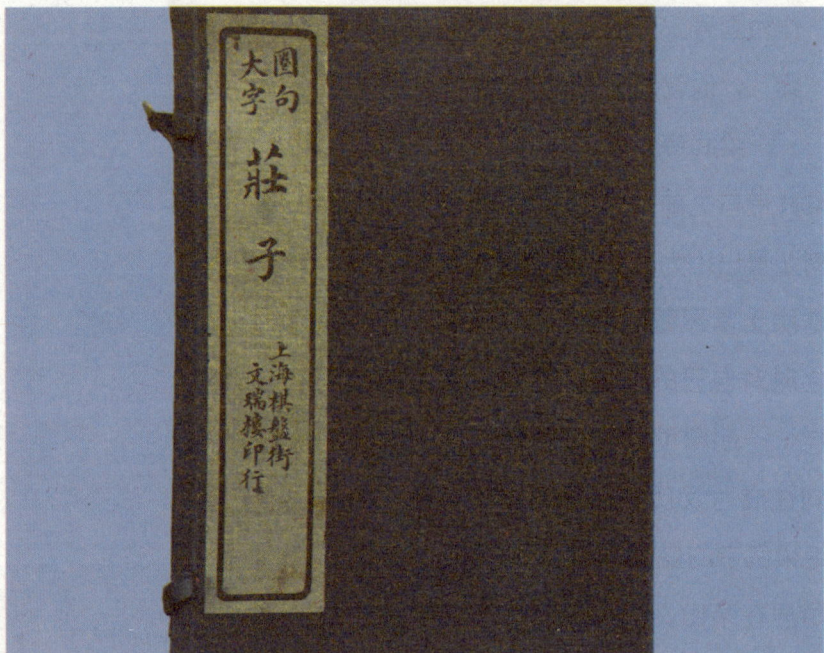

《庄子》

他们不间断地赠送给陶弘景物品，但陶弘景都不接纳，就算接纳了，也捐赠给华阳馆，或分发给山下的百姓。

为了感谢陶弘景为其出谋划策，梁武帝还命人在茅山修建水井十五口，以供商旅饮水，建亭十五座以供休息。茅山虽然适合修炼，但水源并不太充足，以前弟子们需要走很远的路去挑水，以供华阳馆的日常生活使用。这一次修建水井，解决了陶弘景和弟子们的用水困难。不过，对于陶弘景来说，解决用水难并不令他感到高兴，因为老友沈约自上一次离开之后，就再没有亲自来到茅山，也再没有喝到茅山的水。

沈约辅佐梁武帝夺得天下，从此得到了梁武帝的重用。梁武帝封他建昌县侯，官至尚书左仆射，后迁尚书令，兼太子少傅。公务繁忙的沈约，无暇去茅山探望陶弘景，他多次写信邀请陶弘景出山，跟他一起辅佐梁武帝，但都被陶弘景婉言谢绝了。陶弘景还时常告诫沈约，

水井

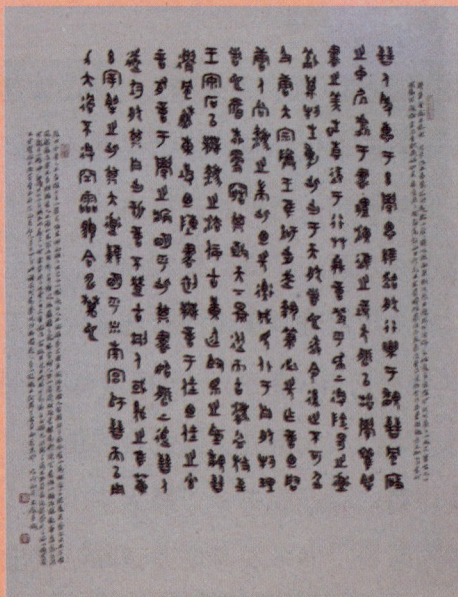

王羲之书法作品《论书札记》纸本

要小心谨慎，毕竟伴君如伴虎。

　　归隐之后，陶弘景可以说是"无为"，但是这种"无为"却实现了自己的人生理想，通过书信辅佐朝政，成为"山中宰相"。梁武帝登基初期，的确不负众望，励精图治，国库充沛，兵精粮足，百姓们也过上了太平日子。

　　但封建社会的王朝盛极必衰，梁武帝一代也是如此，在帝位上取得一系列成就之后，开始变得越发自负。与陶弘景的通信中，也不再谦虚，开始以权威自居。梁武帝曾经与陶弘景探讨比较钟繇和王羲之书法的特点，这本来是正常的艺术探讨，但却因为梁武帝个人独断，只喜欢钟繇，而大肆贬低王羲之。陶弘景看到武帝的信，自然也明白了，这个自己曾经信任的可以给百姓带来太平的萧衍，已经变了。

　　陶弘景在回信中附和武帝的独断，违心地夸赞武帝的见解。但随着武帝彻底皈依佛教，不理朝政，他对臣子和陶弘景也不再以礼相待。陶弘景多次写信给老友沈约，劝他早点隐退，以免惹祸上身。然而，沈约并没有听进去，他自恃辅佐萧衍成就帝业、建立功勋，舍不得离开官场。

天监十二年（513 年），沈约因与武帝探讨朝政时意见不合，惹得龙颜大怒。最后，沈约在忧虑和恐惧中病逝。沈约的死讯传到了陶弘景那里，他悲痛不已。陶弘景在给好友慧约法师写的《和约法师临友人》诗中写道："我有数行泪，不落十余年。今日为君尽，并洒秋风前。"

陶弘景在为好友悲伤的同时，内心也无比辛酸。他曾经忠心耿耿地为梁武帝效力十几年，可梁武帝最终还是变得昏庸了。沈约的一腔热血，也洒在秋风里。从此之后，陶弘景不再过问朝政，只专心于他的医学事业，还有更重要的事情，等着他去完成。

知识加油站

"竟陵八友"都有谁？

南北朝齐永明年间，有一大群文士集合于竟陵王萧子良左右，形成了一个文学群体，文学史上称"竟陵八友"。"竟陵八友"指：萧衍、沈约、谢朓、王融、萧琛、范云、任昉、陆倕。"竟陵八友"不仅仅是简单的一个文学团体，这些人后来大都参加了萧子良争夺帝位的活动。虽然以失败告终，但在政治斗争中存活下来的沈约和范云辅助萧衍登上皇位。

文房用品

《本草经集注》内文

第四章

医药养生 本草经注

陶弘景从小继承家传，医术精湛，再加上修道者以医药养生为基础，对己可以强身健体、祛病健身，对他人可以救死扶伤、拯危救急。在茅山期间，陶弘景疗伤救疾，为穷人治病不收取任何费用，被人们所称赞。他在前人的基础上撰写了《本草经集注》，对后世有着深远的影响。

建武元年（494 年），满载着在各地采集而来的药材，陶弘景和随行的弟子们回到茅山，一一分类整理这些药材，开始了长达七年的《本草经集注》的撰写。

陶弘景自幼看过很多医书，隐居茅山后，更是专心研究医药知识，为穷苦百姓治病，很多公卿贵族也慕名而来，到茅山找陶弘景看病。还有一些人拿着祖辈留下的秘方，请陶弘景鉴定真伪，陶弘景也因此收集了一些民间药方。

一天晚上，两个操着异乡口音的男人来到茅山，请陶弘景看病。看行囊便知，他们是从很远的地方赶来看病的。此时，陶弘景已经就寝，为了不打扰师父，大弟子陆逸冲招待了这两个远道而来的人。他询问了病情，号了脉，并不是很严重的急症，需要长期调理，于是按照古方开了药方，发现所需药材不多了，剩下的草药要留给师父使用，索性就只开了药方，安顿两个人住下，嘱咐他们明天下山到城里的医馆买药即可。陆逸冲想这是一件小事儿，第二天也没有向师父汇报。

不料，几日后，这两个人又来到茅山求见陶弘景。陶弘景接见了这两个远道而来的人，看了陆逸冲开的药方，重新号了脉，他觉得陆逸冲的药方并无问题，于是问这两个人为何又上茅山寻医问药，是否是弟子怠慢了他们。

其中一个人连忙否认，说："我们前几天夜里才赶到这里，陆师父为我大哥看了病，还安排了饭食和住所，并未怠慢我们。"

陶弘景不解地问："那药方上还有什么不明白的地方吗？"

兄弟二人犹豫了一阵子，弟弟说："那日，我们带着陆师父的药方，下山到医馆寻药，才发现这药方中的几味药，实在是非常昂贵，我们兄弟找遍了城中的医馆，都价格不菲。此次远道而来，久闻先生大名，知道先生为贫苦百姓治病，特来拜访。可如今身上并无多余的盘缠，实在是负担不起这些药材。恳请先生为我们开一些便宜的药材，我们也能负担得起。"

茅山名医

MAO
SHAN
MING
YI

62

陶
弘
景

TAO
HONG
JING

人参

　　陶弘景听后，命弟子到华阳馆的药房，对照药方找来所需的草药，又拿出一些银两送给这两兄弟，供他们去城里的医馆买药，剩下的留作路上用。兄弟二人感激涕零，连忙称谢，离开了茅山。

　　这件事引发了陶弘景深深的思考，过去为官之时，为王公贵族开药，不曾考虑过药材价值几何，也未曾考虑过平民百姓能否用到珍贵的药材。他在想，治愈一种疾病能否不只限用一种药，而使用药性相近的替代药物。这一思考，后来形成了一套中药理论，即"诸病通用药"，记载于《本草经集注》上。陶弘景把具有治疗某一种疾病、药性相近的药物整理成一类，就形成了治疗该种疾病的通用药，这样，医者和病人都可以根据自己的实际情况选用药材，而不影响治疗。

　　例如，治疗风眩的药材有菊花、飞廉、虎掌、获神、白艾等多种类型的草药，可以选择这些药物中的任何一种或几种专治此症。如患

《本草经集注》

中恶的病人，可以选择麝香、丹砂、升麻、巴豆、当归等药治疗。治疗霍乱，可以选择人参、附子、干姜等。用药时还需注意药性的寒热问题，热病用寒药，寒病用热药。

陶弘景撰写的《本草经集注》有很多首创内容，对后世的影响很大。他将《神农本草经》和《名医别录》合编撰写，红色字书写《神农本草经》的内容，黑色字书写《名医别录》的内容，用小字书写自己的注文，保留了两本书的原文样貌，又做了大量细致的标注和解释，起名为《本草经集注》。

《名医别录》是总结两汉、魏、晋、南朝刘宋时期的药物学专著，而且记载了《神农本草经》所载药物的新用途，流传甚广，但并不知道作者到底是谁。历史学家认为《名医别录》是历代名医对于《神农本草经》的补充说明，所以作者不是唯一的，是历代名医汇编形成的"读书笔记"。

　　《神农本草经》是我国最早的一部药物学著作,"本草"之名始见于《汉书·平帝纪》,它是中医上各种药物的统称,现在统一称为中药。相传这本药学著作起源于神农氏,经过口耳相传,于东汉时期集结整理成书,由历代医学家搜集、总结、整理成的,是对中国中医药的第一次系统总结。

　　书中总结了药物的四气五味、主治功效、生长环境、采收炮制及贮存方法等,共记载了三百六十五种药物,其中有二百五十二种植物药,六十七种动物药,四十六种矿物药。根据功效之分,将药物分为上、中、下三品(后被称作"三品分类法"),三种品类效果不同,作用也不同。"上药养命",如五石可以修炼形体,五种灵芝可以延年益寿;"中药养性",如合欢可以祛除愤怒,萱草可以忘记忧愁;"下药治病",如

天麻

大黄可以除去积食，当归可以止疼痛。如此这般，共有一百二十种上品，一百二十种中品，一百二十五种下品。

《神农本草经》经过在历朝历代医家之间流传，在没有发明印刷术的时代，只能通过手抄形式保存记录下来，在内容上难免出现纰漏。长期积攒下来，使得一些药物名称和功效混淆，让后来人无法辨别，也无从考证源流，影响治疗。如果选错药材，不仅耽误治疗，更让病人有性命之忧。

陶弘景在幼年读《神农本草经》之时，就对一些药材产生了疑问，有一些非常奇怪的药名不仅父辈从未听闻，也未曾使用过。陶弘景成年之后，咨询过一些名医，询问是否知晓这些药材，大家都只知道《神农本草经》上记载了这一味药，但具体是什么，如何炮制，并不清楚。这样的问题比比皆是，到了陶弘景的时代，就需要有一个人，能够重新验证和鉴别这三百六十五种药材，弥补《神农本草经》上的不足。

为了实现这个宏伟的计划，陶弘景在遍访名山大川之时就特别注重草药的收集，所到之处，均要拜访当地名医，了解特产药材，尽采之，用作日后整理。在回到茅山之后，陶弘景就和弟子们着手开始撰写《本草经集注》。

本草集注序録

《本草集注序录》

《本草经集注》分为七卷，在《神农本草经》的基础上，添加了三百六十五种药材，总共记载药物七百三十种。逻辑缜密的陶弘景首次把药物按照自然属性进行了分类，把药物分为玉石、草木、虫兽、果、菜、米食、有名无实七大类，每个大类又将药物分为三品。这种分类方法是前所未有的，像《神农本草经》只把药材分三品，这三品仅仅是按照药性划分的，不方便查找，也没有科学的逻辑性。陶弘景的分类方式更合理，在每一类下，再分三品，可以详尽地了解这一大类下有哪些上中下三品草药。

　　第一大类为玉石药，主要是矿石类药物，如丹砂、玉泉、水银、曾青、云母、石胆、朴硝、芒硝、硝石、矾石等。玉石药中，丹砂、玉泉、水银等属于上品药物，相对比较珍贵，疗效好；孔公孽、磁石、凝水石等属于中品药物，祛除疾病，延年益寿；代赭石、大盐、特生石等药物属于下品，主要用于攻克疾病。

茅山名医

MAO
SHAN
MING
YI

70

陶

TAO
HONG
JING
弘
景

何首乌

何首乌花朵

　　第二大类为草木药，主要是花草树木，是本草种类中最常用、也是最多的药物。如柏子、茯神、茯苓、麦门冬、天门冬、菖蒲等药物。按三品分类，柏子、茯神、茯苓、麦门冬、天门冬等是上品药物；防风、吴茱萸、黄连、黄芩等是中品药物；皂荚、附子等则是下品药物。这些药物里面柏子、酸枣、槐子、蛇床子是种子果实，菊花、芫华是花朵，像麦门冬、天门冬、远志就是本草根部。

　　第三大类为虫兽药，是自然界中昆虫、禽兽类药物。如龙骨、蜂子、阿胶、蜥蜴、龟甲等药物。按三品分类，如龙骨、牛黄、蜡蜜等属上品药物；桑螵蛸、蛴螬等属中品药物；蛇蜕、麋脂等属下品药物。

　　第四大类为果类药，就是平时所吃的水果。如葡萄、梨、樱桃、覆盆子等药物。按三品分类，大枣、栗等属上品药物；梅实、甘蔗等

茅山名医
MAO
SHAN
MING
YI

72

陶
TAO
弘
HONG
景
JING

樱桃

秋梨

属中品药物；梨、核桃仁等属下品药物。这一类药物非常适合养身食疗调理，像木瓜治疗湿痹拘挛、暑湿吐泻、转筋不止、脚气水肿等，肠胃感冒、上吐下泻就可以用木瓜治疗。

第五大类为菜类药，就是人们所吃的蔬菜。如苦菜、蒜、冬葵子、瓜蒂等药物。按三品分类，白冬瓜、冬葵子等属上品药物；廖实、薤韭等属中品药物；瓜蒂、葫、蒜等属下品药物。这一类药物也适合养生食疗调理，达到治疗疾病的效果。

第六大类为米食药，以日常食用的五谷杂粮作为药材。如粳米、青粱米、黄粱米、粟米等药物。按三品分类，胡麻、饴糖等属上品药物；赤小豆、黄粱米等属中品药物；盐、酱等属下品药物。例如，米酒可以促进血液循环，温经散寒。

第七大类为有名无实类药，也叫有名未用类药，是指虽然记载了药物名称，但没有实际使用验证过的药物。如鹿良、鹊梅、雄黄虫等药物，都是用途不明确，仅仅是有记录而已，这类药没有细分三品。

除了药物的分类之外，对药物的采收和药性鉴别，陶弘景还做了细致研究。一种药材的采收，包括采集时间、炮制方法、方剂制作，会直接影响药物的疗效。在陶弘景以前，还没有人提出过需要注重药物的采集时间。陶弘景批判《神农本草经》中过于教条的采集方法，提出随药物各自成熟时间采集即可。

陶弘景不盲从药味，而是比较注重药性。他特别注意区分药性的寒温，细分则有寒、微寒、大寒、平、温、微温、大温、大热八种。他在《本草经集注》中采用了简明的标记药性寒温的方法，并注意鉴

茅山名医
MAO
SHAN
MING
YI

74

陶弘景
TAO
HONG
JING

神农架珍稀植物

别药用植物的形态以了解药性。

陶弘景另外一项重大贡献在于他规范了各种制剂的制作方法，而且对其中的每道程序、注意事项都有详尽描述。他全面总结了膏、散、汤、酒、丸等制剂的制作方法，这些都是常用的治病制剂。同时，他还指出了古人一些不适当的制作方法，如汤酒膏药中把药研碎吹末这一方法。陶弘景认为该方法很难操作，因为药物有难碎、易碎、多末、少末之别，所以不能一概而论。他认为，只要把药物切成大小适宜，并与粉碎过的药物形态相近就可以了，也不用去吹末。陶弘景认为制作制剂的药物要经过严格的加工炮制，如制作丸散药，要先把药物切碎再晒干、捣碎，这样有利于药物有效成分的浸出。

《本草经集注》具有很多创新的地方，尤其是按照自然属性的分类方式，以及对于药物的详尽描述和解释，对后世本草学书籍编写产

《本草纲目》内文

天麻

茅山名医
MAO
SHAN
MING
YI

76

陶弘景
TAO
HONG
JING

生了重大的影响，还对后世医家撰写药典有积极的指导意义。最直接的体现就是唐朝《新修本草》和明代李时珍的《本草纲目》，都是建立在《本草经集注》的编写规范之上完成的。

除了对《神农本草经》的重新撰写，陶弘景还对东晋葛洪的《肘后备急方》进行了拾遗补缺的工作。书名中的"肘后"指可随身携带于臂肘之后，"备急"则多用于急救之病症，这与现代的"急救手册"具有同等的含义。道士葛洪搜集了古代各种医学著作，编纂成《玉函方》，然而却发现其中的很多药材非常昂贵，不适宜一般贫穷的百姓，于是摘录其中可供急救医疗、实用有效、药材便宜的方子汇编成《肘后备急方》三卷。

到了陶弘景的时代，天灾人祸此起彼伏，陶弘景不忍看到百姓遭遇艰难，便尽自己所能提供帮助。他觉得葛洪所著已经不能满足需要，在坚持实用第一的原则下，对《肘后备急方》进行重新整理，写成《补阙肘后百一方》。

陶弘景不仅精通医术，而且还擅长养生功法。陶弘景活到八十一岁的高龄，与其修炼养生功法不无关系。对于养生之道，他总结撰写了《养性延命录》，认为对疾病的预防要从身心两个方面入手，整理出一套具备可操作性的养生方法，是对以往道教养生经验和思想的概括和总结，也摒弃了道教传统认为的追求飞升成仙、长生不老等不现实的想法。后世唐代著名道医孙思邈就将陶弘景的养生方式编入其医学著作《备急千金要方》中，成为医道两家奉行的养生要则。

《养性延命录》中流传较广的是对"五禽戏"的简化。"五禽戏"属于古代流传的医疗体操，自古就有多种形式的健身功法，目的就是

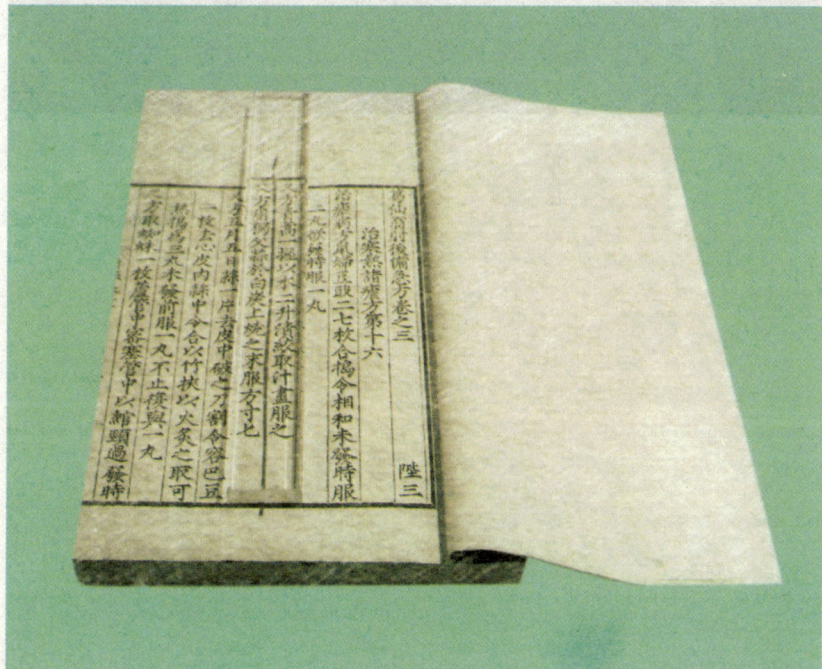

《肘后备急方》

华佗

为了求得高寿。到了东汉末年，华佗对这类健身功法进行重新设计，让人模仿虎的前肢扑动、鹿的头颈伸转、熊的伏倒站立、猿的脚尖纵跳、鸟的翼动飞翔等，使全身肌肉和关节都得到锻炼和活动，增强人对疾病的抵抗力。

华佗去世之后，他的医术流落民间，陶弘景根据"五禽戏"的样式，对其进行了改编，简化了动作，更方便平民百姓记住动作要领。随着时间流逝，华佗宝贵的医学经验几乎失传，至今，世人也无法知晓"五禽戏"的本来样子。只有距离华佗年代不远的《养性延命录》记载了"华佗五禽戏"的简化练法，也算是让"五禽戏"留存于世。

正当陶弘景潜心撰写他的医书之时，登基之后的梁武帝不断地向他寻求帮助，这位皇帝的胃口越来越大。这一次，他像历代皇帝一样，向陶弘景提出了一个无法拒绝的要求……

知识加油站

《本草纲目》和李时珍

《本草纲目》是中国古代最重要的药学著作，由明朝杰出的医药学家李时珍撰写。全书共 190 多万字，载有药物 1892 种，收集医方 11 096 个，绘制精美插图 1160 幅，分为 16 部、60 类。它是作者在继承和总结以前本草学成就的基础上，结合长期学习、采访所积累的大量药学知识，经过实践和钻研，历时数十年而编成的一部巨著。

《本草纲目》综合了大量科学资料，提出了较科学的药物分类方法，反映了丰富的临床实践，也是一部具有世界性影响的博物学著作。

李时珍

第五章

炼丹合药　佛道双修

梁武帝萧衍向陶弘景提出一个根本无法实现的要求：炼制长生不老丹。陶弘景无法抗拒皇帝的旨意，只好赌上一生的名誉，开启了一段辛酸的炼丹历程。在陶弘景的晚年，又被迫皈依佛教，作为道教的领袖，为何要信佛教呢？这其中有哪些不为人知的故事呢？

天监三年(504年)，这一年夏天，一支身着金甲、全副武装的骑兵队伍由一位宦官带领，押送十几车货物，来到茅山华阳馆。车上装着黄金、雄黄、朱砂、曾青等，还有单独赐给陶弘景的封赏。

陶弘景看到这十几车货物，很快就明白了，皇帝送来这些东西是要他做什么。中国历史上很多皇帝都渴望长生不老，炼丹是其中一种方式。从秦始皇到汉武帝，无不迷信这世上存在长生不老丹。

这一年四月初八，梁武帝舍弃道教改信佛教了，而且因为觉得自己不够虔诚，还下诏要求王侯公卿们改信佛教。不仅如此，他还以身作则，戒除酒肉，只吃素食，并要求各地祭祀禁止使用动物肉，一律用面食代替。他甚至指责陶弘景撰写的《本草经集注》，认为其中涉及的动物药材，统统不合法。为此，陶弘景不得不专门出书做出了解释——草木是可以代替动物药的，治病不是非动物入药不可。

既然皇帝信佛，下面的百姓自然不敢不信，从此全国上上下下都开始尊崇佛教，舍弃道教，到处香火不断，一派全民信佛的热闹场景。梁武帝经常邀请法师开坛讲述佛经，来了兴致，还会自己上台去讲经，不理朝政。

佛教自东汉末年传入中国，在南朝得到了迅速发展，达到了空前的繁荣和鼎盛，无数寺院开始建造，以至于唐代诗人杜牧曾用"南朝四百八十寺，多少楼台烟雨中"这样的诗句描述南朝寺庙建筑的繁荣。

尽管如此轰轰烈烈，但梁武帝依然会感到恐慌，佛教不能解决他对死亡的畏惧。一天夜里，梁武帝做了一个关于炼丹的梦，梦中有一位仙人，说他将是一位青史留名的皇帝，犹如当年汉武帝，所以他也应该求取仙丹，以保长生不老。

梁武帝立刻想到了炼丹，这是古代道士们经常做的事情。只要让道士为他炼成丹药，他就可以长生不老，永葆年华，统治千秋万代。于是，他下令向全国征集炼丹所需要的药物和

茅山名医
MAO
SHAN
MING
YI

82

陶弘景
TAO
HONG
JING

炼丹炉

相关的工具，他还需要一个可靠道士，而这个人的首选就是隐居在山中的"宰相"陶弘景，于是就出现了本章开头的一幕。

为首的宦官走上前，向陶弘景行了个礼，说道："先生，圣上派我送来的药物，请您验明一下成色，如有不妥，请告知老奴。老奴命人为先生补齐，切勿耽误了圣上的大事。"

陶弘景冷冷地说："我难道要学李少君吗？"随即拂袖而去，算是对梁武帝的拒绝。

宦官很快回宫向梁武帝汇报，梁武帝不但没有生气，反而下令，征集数量更多、种类更齐全的药物送到华阳馆。梁武帝还写了一封信，他告诉陶弘景，大可不必过于担忧炼丹的成败与否，放开手脚去做，他会全力支持。

陶弘景是个做事谨慎认真的人，既然信中梁武帝表达得如此慷慨，还主动提供了这么多物质条件，不如当作一次机会，对古籍上记载的传统药方做一次验证。此前，在华阳馆下馆，陶弘景也配置了小型的炼丹炉，做过些尝试，但由于药物不足，器材不够先进，都以失败告终。

据说，陶弘景也做了一个梦，在梦中，仙人示意他去炼制丹药，相信他可以完成。再加上这次拥有了充足的物资设备，还有朝廷的支持，陶弘景决定冒一次险。炼丹，尤其是为皇帝炼丹，需要赌上自己一生的名誉和性命。但陶弘景明白，作为一个医者，求真务实是最基本的精神，古书上的丹药到底是否存在，会有怎样的效果，都需要亲自去验证。

炼丹首先要选择一个理想的炼丹场所，在名山之中选择不见俗人的幽僻之地，既可以保守炼丹的秘密，同时也避免被外界打扰而影响炼丹进度。陶弘景在考察茅山时就发现，在积金岭的东南方向有一个石洞，洞中的水源源不断向东流去，环境比较隐蔽，是一个适合炼丹的好地方。于是，他派陆逸冲和潘渊文两位弟子带领人在那里秘密修建炼丹场所。在荒僻的山岭中建成这样一个场地，工程巨大，还要不为人知，的确是难为了两位弟子。他们整整用了一年的时间，才将炼丹场所修建好。

天监四年 (505 年)，已经五十岁的陶弘景

古代炼丹铜像

青翠山林

将自己多年经营的华阳上、下馆分别交给王法明、陆逸冲两位弟子管理，自己带上潘渊文、许灵真、杨超远三位弟子，让他们做助手，带着梁武帝赏赐的药物，搬到了积金岭东面的炼丹场所，开始专心炼丹。

这里的环境很好，泉水清澈，而且没有蛇虎，不用担心受到野兽伤害，还有一些品质很好且实用的木材和草药。陶弘景刚搬过来的时候，这里还没有树林，但随着时间流逝，这里长出了青翠的树木，仿佛有仙气在四周缭绕，让世人惊异不已。

陶弘景炼丹一丝不苟，每道工序都严格按照丹书记载的要求进行。首先是斋戒，吃素一百日，以示庄重和虔诚。然后用长沙、豫章等地选来的土制成鼎炉，下面用谷糠取火，也就是谷物的皮壳，如稻、稷、麦、豆、麻的皮壳。炼丹的时间选在五月、七月、九月，据说这样更利于炼制成功。炼丹需要用太阳光点火，正中午用"阳燧"（以反射聚焦法从太阳光取火的凹面铜镜）点火，然后耐心控制火候，算好日期。

炼丹之后，陶弘景的睡眠时间开始变少，他白天没有睡觉的习惯，晚上有时也会翻阅书籍到次日凌晨，时不时还要来到炉边看一下火候。因为长期炉烟熏烤，时间一长，陶弘景的双眼渐渐模糊，有些看不清字了。梁武帝听到这个消息，马上派人送来波律烛治疗他的眼睛，防止耽误炼丹进度。据说，这种外来进口的香具有明目的功效。

小麦

经过辛苦炼制，陶弘景的第一炉丹药于天监五年（506 年）元旦隆重开鼎。鼎开之后，只有一部分丹药颜色可以，大部分丹药颜色都与医书上记载的不一样，陶弘景认为这次开炉失败了，这是他第一次失败。

经过大半年的准备工作，第二次炼丹开始了。但这次炼丹过程中，陶弘景发现鼎炉出现了问题，鼎面上逐渐出现细微的裂纹，影响炼丹效果。于是，陶弘景立刻停炉，进行修理，待修复之后，才开炉。

这一次，陶弘景的睡眠更少了，他日夜守候，精心控制火候，期待收获成功。可第二炉开鼎后，发现还是不成功，陶弘景的炼丹又一次失败了。陶弘景很快又进行了第三次炼制，开炉之后，依然如故，丹药的成色并没有如医书上记载的一样，究竟是医书上写错了？还是

茅山名医
MAO
SHAN
MING
YI

88

陶弘景
TAO
HONG
JING

古代铜鼎

自己在操作上有未发现的错误？他不得不苦思，究竟是什么原因导致的失败呢？

这几次炼制失败令陶弘景有些灰心，而且，三次炼丹几乎耗尽了梁武帝赏赐的约物，光是烧炉用的谷糠就耗费达一千二百斛，用量非常大。陶弘景无法承担下一次失败，也无法向梁武帝解释清楚其中的原因，不免有些忧虑。

陶弘景作为一个享有极高社会声望的道教领袖，他的炼丹活动是很难进行严格保密的，早就成为百姓们常常谈论的话题，并且对他炼丹成功抱有很大的期望。所以，常有一些百姓，尤其是受过陶弘景救治的百姓，前往炼丹地探望陶弘景。同时，梁武帝尽管在与陶弘景来

古代铜鼎

茅山名医
MAO
SHAN
MING
YI

92

陶弘景
TAO
HONG
JING

茅山山脉

往的信上说不打扰陶弘景的炼丹，但还是秘密派人上茅山探查情况。

　　这几次炼丹不成功，使陶弘景的处境十分尴尬。实际上，炼丹术本身并不符合科学规律，失败是不可避免的。但当时的道士和医学家并不会认识到这一点。陶弘景经过深思熟虑后，认为炼丹失败的责任全在于自己，是自己不够虔诚，加上经常被人探访和打扰，影响炼丹效果。

　　陶弘景写信给梁武帝，承认目前炼丹遭遇了失败，他希望梁武帝给自己一些时间，他要向东出发，寻找环境僻静、人烟稀少、更适合炼丹的地方，重新开炉炼丹。

梁武帝读完了陶弘景的信却不以为然，他对长生不死已经如醉如痴，因而对炼丹的态度非常强硬。梁武帝在回信中讽刺陶弘景："向东去，到底是想去游山玩水？还是想回避责任？若是没有能力，还是尽早承认算了。"

虽然梁武帝讥讽了陶弘景，但陶弘景并不在意，他已经做好了东行的准备，寻找一处僻静的炼丹场所，验证医书上的炼丹术。为此，他不惜冒险触犯皇帝，决定偷偷出走。

天监七年 (508 年) 春，五十三岁的陶弘景对外假称静斋五十天，不与外界来往，让别人以为他要一个人独处，需要断绝与外界的一切联系，五十天内都不去打扰他。在一个看不见月亮的晚上，陶弘景换了装束，带上两名背行李的随从，神不知鬼不觉地离开了茅山。这一走，

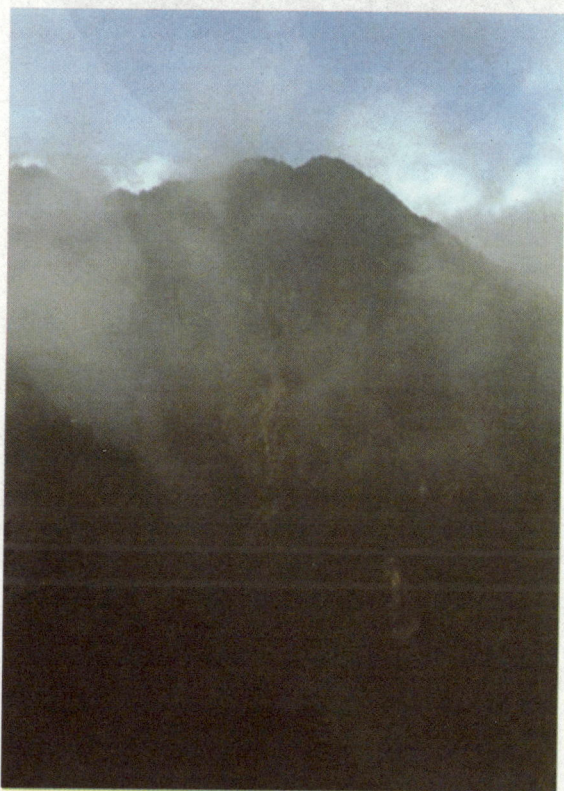

山峦

茅山名医
MAO
SHAN
名
MING
医
YI

94

陶
TAO
弘
HONG
景
JING

心向大海

就是四年。

　　一路上，陶弘景隐姓埋名，自称王整，身份是外兵参军（幕府中处理军队事务的僚属）。他一路躲避匪盗，走访各地名山，寻找适合炼丹的场地。陶弘景还顺路收了一个天资聪慧的小徒第，十二岁的周子良。这个徒弟追随陶弘景一路东游，一边在旁服侍，一边学习道教学说和医术。一路走来，陶弘景和周子良并未寻找到合适的炼丹场地，反而看到各地百姓虽遭遇灾荒却无人理睬，官府为迎合皇帝大肆兴建寺庙，任饥民流离失所。陶弘景对梁武帝产生了疑虑，这位皇帝早已不再是个好皇帝了，而自己却无能为力。

大海

茅山名医
MAO
SHAN
MING 医
YI

96

陶
弘
景
TAO
HONG
JING

烟波浩渺

　　天监十年（511年），已经五十六岁的陶弘景带着周子良又开始了一段海上旅程。当陶弘景乘船驶向大海的时候，平生第一次见到大海的陶弘景遥望东方日出的方向，然后感叹道："都说看到大海就不会被其他的水所吸引，在圣人门下学习过的人便难以被其他言论所吸引了。我这一生无所不学，但与大海相比，我的知识又算得了什么呢！"于是陶弘景放弃对炼丹场地的寻找，前往一座海岛上隐居，向周子良传授平生所学。

　　就在这时，梁武帝的使者找到了陶弘景。

　　陶弘景走后很长一段时间，梁武帝都对陶弘景的偷偷出走感到愤怒，认为这是欺君之罪，甚至想要下旨捉拿陶弘景，将其处死。但这个信奉佛教的皇帝很快就平静下来，他决定原谅陶弘景。一方面，他需要一个人为他炼制长生不老药；一方面，佛教讲求"放下屠刀，立地成佛"。不再杀戮，已经成为这个皇帝的人生信条。他对所有人都网开一面，甚至是有罪之人，这让公卿贵族们更加肆意妄为，这也是梁武帝在位期间的荒谬行为之一。

梁武帝派人寻找陶弘景的下落，因为陶弘景的东游并没有目标，所以行踪难于捕捉。直到天监十一年（512年），使者终于在附近渔民口中打听到，附近有一座海岛上住着一位身材消瘦、犹如仙人一般的先生，还经常帮渔民看病。

梁武帝的使者终于找到了陶弘景，把梁武帝的旨意告诉了陶弘景，要求陶弘景立即返回茅山，对过往的行为一概不究，皇帝会继续支持他炼丹。陶弘景无奈之下，只好带着周子良跟随使者返回茅山。在途中，

青山绿水

陶弘景做了一个影响他下半生的决定，他要受戒皈依佛门。

没有人知道为什么一个道家宗教领袖会突然想要皈依佛门。或许是一路上看到众多寺庙，想要了解一下佛教为何令这个国家沉迷；或许只是一个医家追求极致真理的秉性，他想了解这个世界更多一些；又或许，因为梁武帝信佛，道家式微，为了保全茅山上的弟子们，陶弘景被迫皈依佛门。无论是什么原因，在归途过程中，陶弘景在鄮县（今浙江宁波市）一座藏有佛祖舍利的阿育王塔受戒，成为一名佛道双修的道士，这让他的后半生，始终充满了争议。

陶弘景回到茅山后第二年，好友沈约病逝，他在悲伤中，开始重新整理古医书，为炼丹做准备。好友已逝，唯有继续完成一名道士应当完成的事业，才是对好友的最好缅怀。随后几年里，梁武帝为陶弘景买下长沙馆（刘宋末年长沙王所建），建成朱阳馆供陶弘景居住和炼丹，又为陶弘景建造了太清玄坛，赏赐大量的药物，供其炼丹。这一次陶弘景并未急功近利，他按照古方耐心炼制，一一验证，要探寻炼丹术的秘密。

渐渐地，每次开炉都会有所收获，但是与古书所说的规格还相差甚远。陶弘景的门人和弟子都说这些丹药已经炼成，可以献给皇帝了，

陶弘景

陶弘景却不以为然，他说："丹药并未呈现出医书上所写的九色之光，流光焕彩。如果没有上面所说的特质，那么丹药就没有炼成。我炼的丹药，连成色都没有达到标准，所以这些丹药都不算炼成。"接着，他下令弟子毁掉这些丹药，重新开始炼制工作。

功夫不负有心人，普通六年（525年）正月，朱阳馆的炼丹炉再次开炉，这是陶弘景的第七次炼丹尝试，这次开炉的情况比以往都要好。丹药光气烛照，动心焕目，还夹杂着彩虹般的杂色，完全符合古书上所描述的样子。经过再三鉴定之后，这位六十九岁的老人向弟子们宣告，炼丹成功。他命人禀告梁武帝，丹已炼成。很快一支军队便来到茅山，带走了陶弘景耗时二十一年炼丹生涯的成果。这二十一年的辛酸苦辣，或许只有陶弘景一个人最清楚。

丹药并没有让梁武帝长生不老，但也的确对皇帝的身体有一些疗

茅山名医
MAO
SHAN
MING
YI

100

陶弘景
TAO
HONG
JING

炼丹炉

效，让他感觉神清气爽，精神焕发。梁武帝给陶弘景和他的弟子们赏赐了很多钱粮，陶弘景将这些奖励分给弟子，此时很多早年就跟随他的弟子都已经逝去，包括最初为他建造炼丹场所的陆逸冲和潘渊文。在东游路途中所收的弟子周子良也在天监十五年（516年）逝世，年仅二十岁。

如今，这位老人身边的至亲好友已所剩无几。从天监三年（504年）到普通六年（525年），二十二年的时间里，他炼成了丹，却也不再相信道教炼丹术；他皈依了佛教，却看到朝廷盲目崇佛对百姓的伤害。

陶弘景知道自己时间已经不多了，需要完成他作为一个医学家未完成的事业。

知识加油站

"李少君"是谁？

李少君是汉武帝非常尊敬的方士，曾为汉武帝炼制过丹药，其实只是以所谓仙方骗取汉武帝的封赏。

野鹤

巨
浪

第六章

斯人仙逝 仙风长留

目睹了梁武帝在位期间的荒谬之后，陶弘景即将走完他一生的道路，坦然完成他最后一项工作。他不知道后世将如何评价他的一生，一位德高望重的医家？还是一位背离信仰的道士？一切功过是非，都将留给后人评说。

大通元年（527年），京城瘟疫肆虐，很快就传入周边的村镇。消息禀报到茅山，此时已经回到华阳馆居住的陶弘景，立刻召集精通医术的弟子们商议对策。

很快，依照历次瘟疫出现的症状，陶弘景和弟子们从古方中选出几个应对这次瘟疫的方剂，抄录下来。陶弘景已经很久没有与皇帝通信了，自从梁武帝虔诚地当上一个"和尚皇帝"之后，把宫殿都布置成寺庙的样子，也几乎不理朝政了。陶弘景想，济世救民应该是一个皇帝的本职，尤其是信奉了佛教，更应该不忍百姓受苦受难。他写了一封信，建议皇帝依照抄录好的方剂，采买草药，增设医馆，隔离病

茅山名医
MAO
SHAN
MING
YI

104

陶弘景
TAO
HONG
JING

山草药

患，帮助百姓渡过难关。

然而，这位六十三岁的"和尚皇帝"并没有理睬陶弘景的这封信，他选择用自己的方式解救百姓。梁武帝在重云殿为万民设救苦斋，乞求佛祖拯救百姓。他又在同泰寺设四部无遮大会，亲登法座，脱下龙袍，穿上僧衣，为人们讲经布道，丝毫没有想过要去治病救人。他自称已入佛门，不再管理国家。群臣惊恐，赶紧调集国库中的一亿钱，才把他赎回宫中。此后几年，大臣们一共三次为梁武帝赎身，几乎耗尽了国库中的所有钱财。

陶弘景对皇帝的荒诞行为非常痛心。他命一部分弟子上山，按照方剂所需采集药材；他又命一部分弟子跟随他下山，协助地方医馆参与瘟疫的治疗。在陶弘景和弟子们的帮助下，这次瘟疫的蔓延被有效地缓解了。

茅山

小米

茅 山 名 医
MAO
SHAN
MING
YI

106

陶 弘 景
TAO
HONG
JING

可好景不长，瘟疫刚过，各地久旱未雨，造成了严重饥荒，虽然陶弘景为百姓祈雨，但也没法改变百姓们缺少粮食的窘迫，连华阳馆都没有足够粮食，陶弘景和弟子们只好一日只吃一餐。

一天夜晚，一伙强盗闯入华阳馆，他们手持刀棍，进入陶弘景的房间，大喊道："我们是天子卫队，有事东游，因为缺乏粮食物资，特来先生这里乞求一些。"

此时陶弘景还没有入睡，听到强盗的话之后，他命令弟子们不要惊慌，把所有的门都打开，对为首的强盗说道："进来吧，想要什么就拿吧。"强盗们把华阳馆上上下下翻了个底朝天，只找到很少的一点粮食，还有一些旧衣服和器物。

陶弘景告诉强盗，请勿伤害自己的弟子，他说："你们拿了很多很重的东西，请务必小心，如果打破了，就没法换来钱粮。请不用担心，我不会告到官府的。如果真的被官府抓了，按照大梁的律法，抢劫道士的罪是很重的，我也是为你们操心，为你们解除后顾之忧吧！"强盗们听到陶弘景的话，没有伤害任何人，只拿走了部分东西就离开了。

强盗们走了之后，弟子纷纷劝陶弘景及时报官，或许还能追回一些被抢走的东西。陶弘

静谧

茅山名医
MAO
SHAN
名
MING
医
YI

108

陶
TAO
弘
HONG
景
JING

景只是淡淡地说："算了吧，这乱世中不知有多少饥民和灾民被迫当了强盗，他们也是被逼无奈，倘若丰衣足食，谁愿意当强盗呢？"随即命弟子整理一下房间，早早休息，并不过问到底损失了什么。

医者仁心，陶弘景作为一名医生，只能医治病人，祛除病痛，却不能治好国家的"病痛"。这是陶弘景晚年时内心最大的遗憾，他隐居山中，献计献策辅助皇帝，却依然无法阻止皇帝的堕落，他痛心疾首，觉得是自己的过失。包括老友沈约的死，陶弘景也觉得是自己没有尽全力劝阻沈约的缘故。

晚年的陶弘景总是带着悲痛的心情，整理他平生所著以及考证的书籍，去伪存真，以期流传于世，造福百姓。

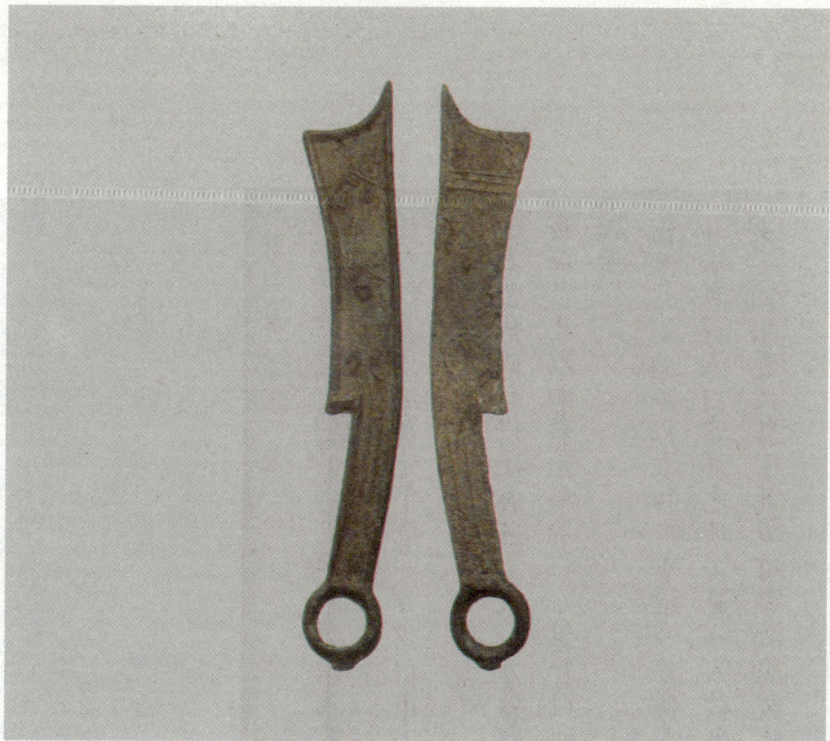

刀形币

除了整理文献资料之外，陶弘景还为梁武帝打造了两把宝刀，他对铸造工艺，尤其是铸造刀剑也深有研究。当陶弘景派人把自己曾经铸造的两把宝刀献给梁武帝时，梁武帝非常喜爱，于是询问陶弘景的弟子："这两把刀叫什么名字？"陶弘景的弟子回答道；"师父为这两把刀取好了名字，一把叫善胜，一把叫威胜。"意指宝刀是"胜利"的象征。梁武帝听后当然很高兴，加上这两把刀做工精良，让梁武帝爱不释手，甚至把这两把刀当成了传位的信物。后来，这两把刀的继任者，简文帝萧纲对此也喜爱有加。萧纲早年就拜会过陶弘景，对这位先生的才学佩服不已，在继承两把宝刀之后，珍藏起来。甚至声称，自己死后要这两把刀陪葬。可见这两把宝刀铸造之精美，令人视为珍品。

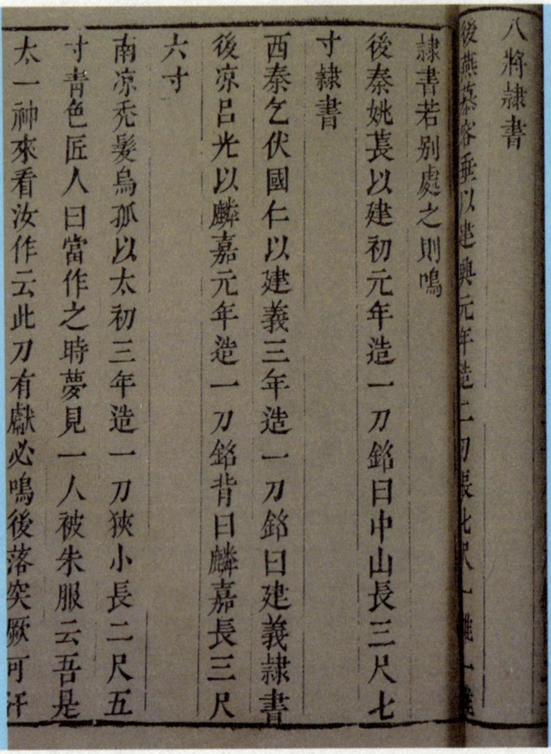

八將隸書
後燕慕容垂以建興元年造二刀長七尺一雄一雌
隸書若别處之則鳴
後秦姚萇以建初元年造一刀銘曰中山長三尺七
寸隸書
西秦乞伏國仁以建義三年造一刀銘曰建義隸書
後凉呂光以麟嘉元年造一刀銘背曰麟嘉長三尺
六寸
南凉禿髮烏孤以太初三年造一刀狹小長二尺五
寸青色匠人曰當作之時夢見一人被朱服云吾是
太一神來看汝作云此刀有獻必鳴後落突厥可汗

《古今刀剑录》内文

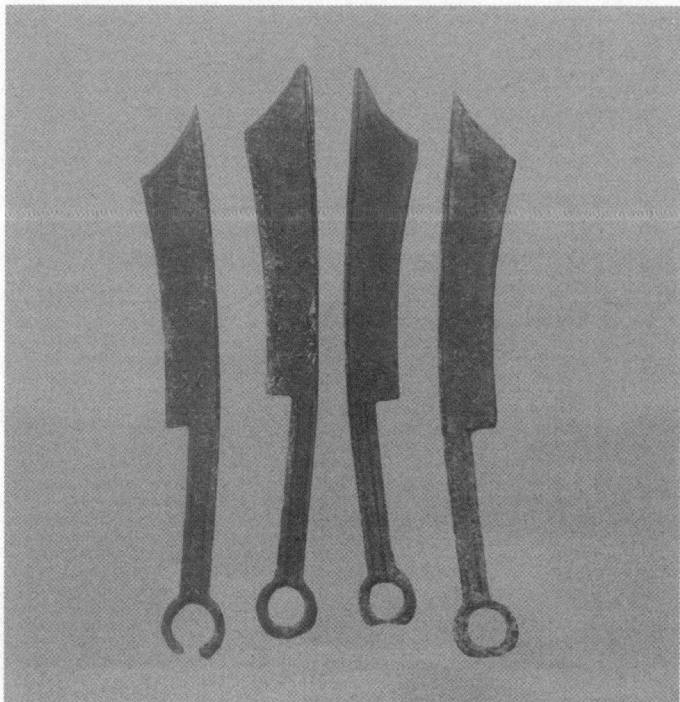

刀形币

陶弘景还专研刀剑的历史。中国古代帝王大都喜欢铸造珍奇的刀剑，用来象征王权和江山稳固，比如周昭王姬暇，他曾铸造五剑，分别放在五岳，剑上写着"镇岳尚方"，以祈天下太平。秦始皇曾铸造二剑，剑上写着"定秦"二字，以期大秦江山安定太平。陶弘景经过长期辛苦整理之后，完成了刀剑专著《古今刀剑录》，记录了历代君王所铸造的宝剑，详细记录了长度、名称、铭文、外形特点等，此书为今人研究古代刀剑史提供了非常珍贵的资料，也是陶弘景晚年整理完成的著作之一。

大同二年（536 年），已经八十一岁高龄的陶弘景预感到自己将不久于人世。这年三月十二日丑时，陶弘景躺在床上，眼看就要久别人世了，他的众多门人都守护在旁边。陶弘景对门人写了一首《告逝诗》，总结了自己的一生，作为对弟子的最后教诲，大家听着尊师的最后教诲，

茅山名医

MAO
SHAN
MING
YI

112

陶
弘
景

TAO
HONG
JING

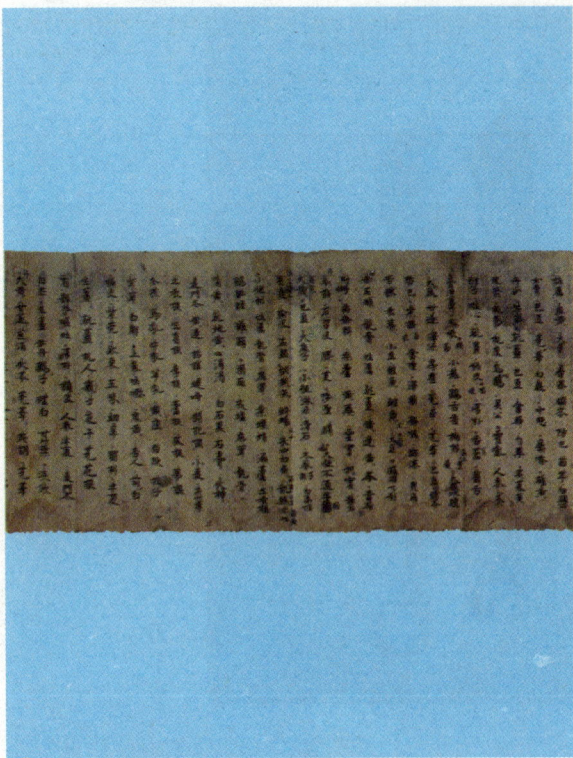

古代医书内文

无不悲痛欲绝。

　　陶弘景表情从容淡定，向弟子交代门派掌门人的归属，华阳馆的继承人是十五岁拜师、忠心耿耿跟随陶弘景的王远知。他劝告大家团结一心，将上清宗发扬光大。此外，还有平生整理和撰写的书籍，陶弘景都留于门派珍藏，他希望弟子们利用好这些书籍，继续治病救人。

　　陶弘景还简单地安排了自己的丧事，他说："等我死后，不须沐浴，不须施床，只用两重席铺在地上，让我躺在席上，再给我穿上以前的旧衣服，上面加上褋裙和臂衣，冠巾法服，左肘挂录铃，右肘挂药铃，左腋下佩戴符络，绕腰穿环，打结在前面，发髻上钗符，用大袈裟覆蒙住全身，明器有车马，道人道士，都在门中，道人左，道士右，百日内夜里要燃灯，白天要常有香火祭奠。"弟子们听后，都谨遵师命，分别准备丧事所需的用品。

到了巳时，一代宗师驾鹤西去了。这时的陶弘景，身体柔软，颜色如常，而且整个房间香气弥漫，逐渐缭绕山谷，众人无不感叹。陶弘景逝世的消息传到了山下，百姓无不为之痛哭流涕，自愿素衣戴孝，上茅山，期望见这位德高望重的老先生最后一面。消息传到朝中，梁武帝闻之落泪，立刻下诏赠陶弘景为"中散大夫"，谥号为"贞白先生"，还派人监护丧事。

陶弘景的弟子们在收拾他的遗物时，还发现了一首《预制诗》："夷甫任散诞，平叔坐论空。岂悟昭阳殿，遂作单于宫。"弟子们对这首诗的内容都非常疑惑，不知是何意。陶弘景的这首诗是为预测梁朝国运而作，"昭阳殿"指代的是皇帝的妃子们居住的寝宫。陶弘景死后十二年，大将军侯景发动叛乱，史称"侯景之乱"。梁武帝沉迷于佛门，无心国事，军备荒废，侯景迅速攻占建康，果然如诗中所说，占领了昭阳殿。陶弘景的这首预言诗不幸言中了梁朝的未来，梁武帝最终饿死在皇城中，"和尚皇帝"一命呜呼，梁朝陷入战火之中。这场动乱，也为以后隋的统一，埋下了伏笔。

传说陶弘景离世后三日，弟子们在准备将陶弘景下葬时突然发现席上只剩空衣，并没有遗体，大概是陶弘景修道成功，已经羽化成仙

壮
觀

了。弟子们只好把陶弘景的遗物葬于雷平山，留给后人凭吊。

陶弘景的风度和才华，给他的同代人留下了深刻的印象，使他在封建世俗社会享有盛名。在他身后，这种世俗盛名随着时间的变化而变化，在一些年代，他名气的变化情况则要曲折得多。

隋唐时期对陶弘景的评价越来越高。当时道教奉上清经法为最高法系，因此为发扬上清经法做出巨大贡献的陶弘景也被教内外视为重要的道教人物。另外，茅山道教的蓬勃发展也提升了陶弘景的宗教地位。唐朝虽然在历史上是开放包容的环境，所有宗教均可以传播，但从唐太宗开始，皇家尊崇的依然是道教，唐太宗李世民在编写《隋书》时，在"道经"中着重提到了两个人，其中之一就是陶弘景。唐高宗时李

茅山名医
MAO
SHAN
MING
YI

116

陶
TAO
弘
HONG
景
JING

唐太宗李世民像

唐玄宗像

延寿修《南史》，第一次正式称陶弘景为"山中宰相"。唐玄宗还册封陶弘景为"太保"。由此可见，唐朝对陶弘景推崇备至。北宋时期，对陶弘景的评价依然很高，宋徽宗还对陶弘景进行了封诰。

到了南宋时期，朱熹的儒学成为思想领域的主体，排斥佛道两家，这也影响了对陶弘景的评价，加上陶弘景的很多著作在此时多已散佚，陶弘景的社会和宗教地位日渐衰落，但是他的学习精神和各方面的贡献始终受到世人赞赏。明朝，李时珍在编写《本草纲目》时就大量引用了陶弘景的医学著作。

到了民国时期，新文化运动将陶弘景列为封建迷信的代表人物，并进行批判，其中著名学者胡适称陶弘景是一个"骗子"，大概是不相信会有这样奇异的全才。直至今日，我们已能够客观辩证地看待陶弘景的一生，自然会理解和明白一个古代医者的局限性，也会感动于这样一个正直勇敢、追求真理的道士。

　　回顾陶弘景的一生，他在很多领域都有贡献，当我们把这些成就一一合并起来，就很容易给他一长串头衔：著名道士、道教学者、道教思想家、医学家、医药学家、炼丹家、文学家、书法家、书法理论家、铸造大师。其实，这十个头衔也不足以充分概括陶弘景的文化身份。他主要是一位道教活动家，同时又是一位百科全书式的大学者，在与真、善、美分别对应的三大片学术领域都有突出的成就。

　　真，在于他的求真务实。炼丹术本身就是违背科学的，但在古代，这种最不科学的活动恰恰是最科学的化学实验，陶弘景不断地尝试和

茅山名医
MAO
SHAN
名
MING
医
YI

118

陶
TAO
弘
HONG
景
JING

陶弘景雕像

验证古代炼丹术，去伪存真，孜孜不倦地追逐科学的真理。陶弘景这种脚踏实地的求真精神，很多现代科学家都要向他学习。

善，在于一个医生的职责。陶弘景在茅山修道时积了不少功德，在天灾人祸时救苦疗疾，甚至到了朝夕无倦的地步。医者仁心，作为一名医生，他无疑是非常合格的。陶弘景还以古代本草为基础，重新思考和实践，对中医药学进行了重新鉴定和分类。他的《本草经集注》，现如今几乎是中医学中人人皆知的重要本草书籍。

美，在于对世间美好的赏识。陶弘景在诗、书、画、文等领域，有着独特的审美和艺术创作成就。他对书法艺术的鉴赏，他的诗文水平，

《本草经集注》

华山云海

都透露出他对世间万物的美好追求。

　　陶弘景的一生，经历了无数的风雨与沧桑，但挫折从未击垮他，他以其高贵的品质，充实着自己的内心。陶弘景虽隐居深山，却胸怀天下，慷慨济世，耗尽生命的热情，直至最后，成为中国历史上的一颗明珠。

中国阿胶博物馆内陶弘景雕像

知识加油站

　　陶弘景在《华阳颂·机萌》篇写道："号期行当满，亥数未终丁。迨乃承唐世，将宾来圣庭。"这首诗中隐藏着深奥的玄机。

　　有人联系相关历史事件，将这《机萌》作了如下解读"今生的道行修满后，在以后的丁亥年还有道行流传于世。到了唐朝时，我还会在盛世中被奉为上宾。"陶弘景羽化后的第一个丁亥年为陈朝临海王光大元年（567年），第二个丁亥年为唐太宗贞观元年（627年），"贞观之治"的盛世就在此时，这也就是陶弘景所说的"圣庭"。那么陶弘景诗中所说的唐朝上宾是谁呢？他就是我国历史上赫赫有名的道医孙思邈，曾被唐太宗封为"药王"，可见礼遇之重。